民国首版学术经典

近代中国留学史

舒新城 编

上海科学技术文献出版社
Shanghai Scientific and Technological Literature Press

图书在版编目（CIP）数据

近代中国留学史 / 舒新城编．—上海：上海科学技术文献出版社，2014.5
（民国首版学术经典丛书）
ISBN 978-7-5439-6170-8

Ⅰ．①近… Ⅱ．①舒… Ⅲ．①留学教育—教育史—中国—近代 Ⅳ．①G649.29

中国版本图书馆 CIP 数据核字（2014）第 030362 号

责任编辑：张　树　于玲玲
封面设计：周　婧

近代中国留学史
舒新城　编
出版发行：上海科学技术文献出版社
地　　址：上海市长乐路 746 号
邮政编码：200040
经　　销：全国新华书店
印　　刷：上海中华商务联合印刷有限公司
开　　本：850×1168　1/32
印　　张：10.125
版　　次：2014 年 5 月第 1 版　2014 年 11 月第 2 次印刷
书　　号：ISBN 978-7-5439-6170-8
定　　价：58.00 元
http://www.sstlp.com

出版説明

民國時期雖只有短短三十幾年，却在中國歷史上擁有極重要的地位。隨着地理封閉格局的打破，社會制度的轉型，思想束縛的解放，社會的文化和學術也開始了古今中西新舊融合創新的歷史過程，迎來一個百家争勝、异彩紛呈的局面，直接表現便是名家輩出、佳作迭現，且其視野之開闊、學識之淵博、影響之深遠，爲前代所不及，亦爲後人所難達。

有鑒于此，我們從民國時期的經典著作中精選一批，以"民國首版經典叢書"之名將其影印出版。第一輯共收羅了三十四種著作，合三十册，分爲"學術"和"文學"兩部分。其中，"民國首版學術經典"包括梁啓超《清代學術概論》、舒新城編《近代中國留學史》、王孝通《中國商業史》、胡樸安《中國文字學史》、李長傅《中國殖民史》、姚名達《中國目録學史》、吕思勉《歷史研究法》與《中國文字變遷考》（合一册）、胡適《五十年來中國之文學》與劉師培《論文雜記》（合一册）、吕思勉《理學綱要》、吕思勉《白話本國史》、柳亞子等編《蘇曼殊年譜及其他》、顧頡剛編著《妙峰山》等。

這些出自名家之手的著作，或爲開一代風氣的創新之作，如舒新城的《近代中國留學史》，是近代第一部研究留學問題的專著，奠定了留學史研究的根基，也是研究有關中國留學歷史的必讀書目之一；如吕思勉的《白話本國史》，既是他的成名作，也是中國歷史上第一部用白話文寫成的中國通史；或爲總結先賢、啓發後來的集大成之作，如梁啓超的《清代學術概論》，這是一部闡述清代學術思潮源頭及其流變的經典著作，也是梁啓超的代表性作品之一，將清代學術從時代思潮的角度劃分爲四個時期，并對每個時期作了簡要而中肯的評介，精辟分析了各個時期及其代表人物的成就與不足，一經問世即受到讀者歡迎，并成爲一代又一代青年學子的入門必讀書；再如胡適的《五十年來中國之文學》，從古文的末路、古文學的新變、白話小説的發達及缺點、文學革命這幾個方面再現這五十年的文學，在傳承舊學的同時更開新路，爲文學變革鋪墊、利導。

"民國首版文學經典"則包括黎錦暉編《留歐外史（第一集上編）》、朱湘《石門集》、邱東平《火灾》、王實味《休息》與歐陽山等《給予者》（合一册）、徐志摩《徐志摩選集》、邱東平《第七連》、蕭紅《生死場》、張資平《紅霧》、張資平《飛絮》、陳夢家編《新月詩選》、徐志摩《雲游》與《志摩的詩》（合一册）、弘一大師紀念會編《弘一大師永懷録》、葉靈鳳《紅的天使》、朱自清等《我們的六月》、《魯迅傑作選》、郁達夫《迷羊》、胡適《胡適留學日記》、葉靈鳳《未完的懺悔録》等。

文學爲人民群衆喜聞樂見之事，其影響既遠且廣。叢書中所收，不乏當時的"暢銷書"，如蕭紅的《生死場》，甫一出版便轟動當時文壇；如張資平創作的言情小説《紅霧》、《飛絮》等，一版再版，暢銷多年；同時還有不少品種是現今流傳較少，甚至是建國後第一次影印出版的，如弘一大師紀念會所編《弘一大師永懷録》，該書于大師圓寂一周年時出版，當時僅印發一千册；如黎錦暉編《留歐外史（第一輯上編）》，一九二八年首版發行，建國後一直没有再版，已很難找到。

綜上，"民國首版經典叢書"内容包羅萬象，涵蓋詩歌、小説、散文、紀實文學、史學研究、理學、文學研究等方方面面，所選皆出自名家、大家之手，或爲各學科奠基之作，或爲集大成之經典，或爲震動當時、影響深遠的傳誦之作，其中不乏流傳很少、極難覓尋的孤本，我們苦心孤詣，找尋到這些經典著作的初版本，原版影印，精裝制作，以饗讀者。

編　者

二零一四年二月

舒新城編

教育叢書

近代中國留學史

上海中華書局印行

近代中國留學史序

在未有近代中國教育通史以前，研究近代中國留學史，似乎有點緩其所急但在現在的中國，留學問題幾乎爲一切教育問題或政治問題的根本：從近來言論發表的意見，固然足以表示此問題之重要，從國內政治教育實業諸事業無不直接間接爲留學生所主持，所影響的事實看來，更足見留學問題關係之重大：此時研究留學史或者不盡是急其所緩白費工夫罷！

我非留學生，然而留學問題之在我腦中占一席地，却有十餘年的時間：民國二年我在湖南高等師範英語部讀書，學校費重金遠從美國預聘一位英文教授，秋季開學到校第一次給我底印象便是「洋公子」三字。他因爲在美國習商業而且不大會寫中國字的原因，不一星期離開我們，可是「洋公子」三字至今還留傳我們同學聚首時的口中。那時我一面對於留學生懷疑，同時自己又極想作留學生，這種矛盾心理，好像極無理由，其實不過社會意識搆成虛榮慾與自我理想的判斷性在潛意識中互爲雄長，並沒什麼可怪。民國十年服務於吳淞中學，因聘請英文教員得與幾位留學生討論關於中國中學英文教學問題，更覺得留學是中國教育界的重大問題，同時也很注意關於留學問題材料的搜集，民國十三年春，更用怡怡的符號在中華教育界發表兩篇論留學生問題的文章——原定共作五篇後因事中止。這兩種瑣事對於近代中國留學史自然沒有什麼關係，但引起我注意留學問題的動機，卻由此兩種瑣事。

我每次想到留學問題，便有「禍患將臨」之感；這種情調自然可說是由於「過慮」而發，但無昭示我們發生「過慮」事實，當不致無因而至。本書底目的就在從歷史上說明現在留學問題的因果並想求出一條新路徑以引導未來。不過作者底識力有限，淺薄研究的結果只發見中國六十年來的留學政策都是以受教育代替研求學術與今後的留學當以研求學術以改進本國文化兩事（詳見第十五章），一切關於留學問題如自費生，清華生及派遣，管理等等都本此原則求解決；所見雖不敢說盡是，但自覺比從前就問題談問題之證據充分許多，倘能引起國人之注意而研求更良好的解決方法，則此書爲不虛作。

此書所述雖只六十年的事實，但因住在地無完備的圖書館與國內統計不發達之故，取材極不容易——尤其是關於統計的材料，我曾函托教育部重要職員代為錄留學各種統計，民五以後，竟不可得，故書中所有統計表均以私家著作所發表者為根據，——不詳備之弊在所難免；不過一切材料均詳註來源，便讀者查閱原著，從新推證；更望讀者隨時指正謬誤，開示書中未備之材料，以便據以更正增補。

最初搜集關於留學問題的材料時，並不曾想到作一部留學史，不過備討論問題時有較充分之論據而已。及去年開始著近代中國中學教育史，搜集材料，選擇材料，均不時與留學問題發生關係，後為中華教育界留學問題專號作中國留學小史時，又搜集些特別關於留學材料，而且有些係由遠道友朋處借來，遂費些時間將留學史先整理付印。此書之能早與讀者相見，友人陳啟天，趙叔愚，向達，李儒勉諸先生供給材料與督促之力居多，謹特別伸謝。其他採用各著作之材料甚多，不及一一列舉姓名，統在此敬表謝意。

民國十五年五月廿五日南京　舒新城

近代中國留學史

目次

本書圖表目次

近代創議留學之容閎小影

容閎，字純甫，一八二八年（道光八年）生於距澳門西南彼多羅島，一八五三年畢業於美國耶魯大學，一八七〇年獻議於曾國藩派遣幼童赴美肄業，一八七二年與陳蘭彬帶幼童赴美，一九一二年逝於美國。

近代中國留學史

舒新城編

第一章　留學創議

留學問題近年已逐漸被人注意，而且毀多而譽少。現在的留學生誠然有許多令人不滿的地方，但無留學生，中國的新教育與新文化決不至有今日。設學校、譯西籍，誠然是今日智識階級之家常便飯，然而在五十年以至於三十年前，卻是極新奇而困難的事情，非留學外國者不能問津：卽現在教育上的學制課程，商業上之銀行公司，工業上之機械、製造，無一不是從歐美日本模倣而來，更無一不是假留學生以直接間接傳來。留學生在中國文化上既有如此重大的影響，我們研究近代中國文化，可不注意其淵源之留學史嗎？

說到近代留學的淵源，大家都推重曾國藩與李鴻章，以爲他們是首先派遣留學生的人，無他們中國便無留學生；新學術、新事業也不會如此發展。中國政府派遣學生出國求學固然是由於他們，但原始發動者却不是他們，也不是他們所說的丁日昌，(1)而是畢業於美國耶路大學（Hale University）之第一個中國留學生容閎，曾李丁諸人不過因位高權重而負其名耳。無容閎，雖不能一定說中國無留學生，即有也不會如斯之早，而且派遣的方式也許是另一個樣子。故欲述留學之淵源，不可不先知容閎。

容閎字純甫，廣東人，於一八二八年（清道光八年）十一月生於距澳門西南可四英里之彼多羅島（Pedro-Island）南屏鎮。一八三五年至澳門入美國倫敦婦女會古特拉富夫人（Mrs Gutzlaff）所設之西塾，一八四一年進瑪禮孫學校（Morrison School）；該校爲紀念英國傳道會所委派之傳道員瑪禮孫（Dr. Robert Morrison）而設，成立於一八三九年十一月，一八四二年因香港割於英國，乃遷於香港之山頂，主其

1、同治十一年，曾國藩等奏選派幼童赴美肄業章程摺說：『臣國藩上年在津辦理洋務，前任江蘇巡撫丁日昌奉旨來津會辦，屢與臣商榷，擬選聰穎幼童赴泰西各國書院學習軍政、船政、算術、製造諸事，約計十餘年學成而歸，使西人擅長之技，中國皆能諳悉。』（約章成案匯覽卷三十二，上。）

事者爲美國耶路大學畢業之美國人勃朗（Rev. S. R. Brown）此時瑪禮孫學校之創始班學生共六人，除容外，餘爲黃勝、黃寬、李剛、周文、唐傑一八四六年十二月勃朗因病歸國，容及二黃均隨之去美國。

容等於一八四七年一月四日乘航船起行，四月十二日抵美，三人同入美國麻沙朱色得士州（Massachusetts）之孟松學校（Monson Academy）。容等去美之費用由香港之商人及報館主筆等數人擔負，但只以二年爲期。一八四九年黃勝因病返國，容等期滿，因資助者欲二人去英國蘇格蘭愛丁堡大學習專門，黃寬乃去英學醫，七年以第二名畢業，一八五七年歸國，懸壺一八七九年逝世；容則不願去英，以喬治亞省薩伐那婦女會（The Ladies Association in Savounah, Ga.）之助及自己工作於一八五〇年入耶路大學，一八五四年畢業該校，斯年十一月由美起行返國。

他返國後，即注意於學習中國語言文字，不久即在香港美代公使處爲書記，旋在香港高等審判廳爲譯員，習律師，但爲英人排斥，於一八五六年八月離香港至上海在海關充翻譯，未三日又辭而至英商某絲茶公司爲書記，六月公司停業，乃改業翻譯，未幾又爲寶順公司(Dentd Co.)至湘浙各地調査產茶區域。一八六〇年十一月美敎士二人至南京謁洪秀全之姪干王而說以七事，(1)冀太平軍之能用其言而改造中國。但結果不能如其所期，仍爲茶商往來皖贛各省，特別注意社會現象，蓋其改造中國之志自去美至今未嘗一日衰也。一八六二年（同治二年），他正營業九江，曾國藩幕友張世貴李善蘭（壬叔）等疊出相召，於斯年八月至安慶見曾，揣曾有建立機器廠之意，乃漸匿其敎育計劃而先以建立良好機器廠之議進。斯年十月奉曾命去美購機器，一八六五年春携機器返國，曾保以五品候補同知，指發江蘇，十月入江蘇巡撫署爲譯員，於上海遇上海道丁日昌，頗爲相契，初說曾國藩在江南製造局中設立兵工學校，繼與丁日昌商議他所持之敎育計劃的進行步驟，孜孜三年，（一八六八——一八七〇）時丁

(1)七事如下：1、依正當之軍制組織一良好軍隊，2、設立武備學校以養成多數有學識軍官，3、建設海軍學校，4、建設善良政府，聘用有經驗之人爲各部行政顧問，5、創立銀行制度及釐訂度量衡標準，6、頒定各級學校敎育制度，以耶穌敎聖經列爲主課，7、設立各種實業學校。（西學東漸記頁六七）

已升江蘇巡撫）始將其計劃提出於曾國藩，由曾奏准於一八七〇年冬着手進行。

容雖生於澳門，但愛護祖國之念甚强，當其在美因香港接濟者之期滿而又不願去英國求學時，他所畢業之孟松學校固曾有資送大學之例，但因以傳教爲條件與他改造中國之志不符，竟毅然拒絕；後歸國在香港爲美領事之書記與謁太平軍之干王，固無時不思求得一改造之機會；在上海爲海關翻譯，因中國人不能升爲稅務司之限制，深感國際不平等而忿然去職；及晤曾國藩以爲機不可失，遂毅力爲之規劃，費時數年，始能將其計劃實現，愛護中國之忱，誠非一般人所能企及。

他改造中國之計劃以派遣留學爲最重要，他在自著之西學東漸記中言之最詳。該書第十六章題曰予之教育計劃，述他對於國事之意見與其計劃之進行甚詳。他所條陳者共有四事：1、中國自組合資汽船公司，資本職員均須中國自理，不得攙外股及用外人爲職員；2、由政府選派頴秀青年送之出洋留學；3、由政府設法開採礦產；4、禁止教會干涉詞訟。此四條在當時均屬重要，但他却以爲『此條陳之第一三四條，特假以爲陪襯，眼光所注而望其必成者自在第二條』(1) 第二條之原文說：

『政府宜先派穎秀青年，送之出洋留學，以爲國家儲蓄人材。派遣之法，初次可先定一百二十名學額以試行之。此百二十人中，又分爲四批，按年遞派，每年派送三十人；留學期限定爲十五年，學生年齡須以十二歲至十五歲爲度。視第一第二批學生出洋留學，著有成效，則以後卽永定爲例，每年派出此數。派出時並須以漢文敎習同往，庶幼年學生在美，仍可兼習漢文。至學生在外國膳宿入學等事，當另設留學生監督二人以管理之。此項留學經費，可於上海關稅項下，提撥數成以充之。』(2)

此條陳於一八六八年上於曾國藩，適曾此時丁內艱，乃於一八七〇年因天津敎案，曾及丁日昌毛昶熙與劉某被派爲調停該案四大臣，在津聚首，容乃乘機進言於丁，請其向曾重提，曾然其議，由四人聯銜奏請，於斯年冬奉旨照准。容乃由丁介紹刑部主

(1)西學東漸記頁一〇三

(2)同上頁一〇二

事陳蘭彬在南京共同商定：1、派遣學生額數，2、設立預備學校，3、籌定經費，4、酌定出洋年限諸事。一八七一年（同治十一年）曾國藩逝世，李鴻章繼之，於一八七二年夏末派第一批學生三十人去美。中國政府派遣留學生以此爲始，而政府之所以有此舉則完全於容閎一人之力。故近代中國留學實以容爲創始者。

第二章　留美初期

容閎既建議派學生去美，而當時與外國訂有游學條約者，又只有同治七年志剛，孫家穀等使美所訂之中美續約，(1)故竟由政府派遣學生去美留學。其辦法由曾國藩李鴻章奏准，計劃則爲容所預定。第一次由曾李二人合奏選派幼童赴美辦理章程十二條，選派辦法，去美學習要項，均見此章程中，茲錄於下：

一、商知美國公使照會大伯爾士頓，將中國派員每年選送幼童三十名至彼中書院肄業緣由，與之言明，其束修膏火一切均中國自備，並請俟學識明通，量材拔入軍政船政兩院肄習，至赴院規條，悉照美國向章辦理。

一、上海設局經理挑選幼童，派送出洋等事，擬派大小委員三員，由通商大臣劄飭在於上海寧波福建廣東等處挑選聰慧幼童十三四歲至二十歲為止，曾經讀中國書數年，其親屬情願送往西國肄業者，即會同地方官取具親屬甘結，並開明年貌籍貫存案，携至上海公局考試。如姿性聰穎，並稍通中國文理者，即在公局暫住，聽候齊集出洋，否即撤退，以節縻費。

一、選送幼童每年以三十名為率，四年計一百二十名，駐洋肄業十五年後，每年回華三十名，由駐洋委員臚列各人所長，聽候派用，分別奏賞頂帶官階差事。此係官生，不准在外洋入籍逗留，及私自先回，遽謀別業。

一、赴洋幼童學習一年，如氣性頑劣，或不服水土，將來難望成就，應由駐洋委員隨時撤回。如訪有金山地方華人，年在十五歲內外，西學已有幾分工夫者，應由駐洋委員隨時募補，以收得人之效，臨時斟酌辦理。

(1)中美續約第七欵：嗣後中國人欲入美國大小官學學習各等文藝，須照相待最優國之人民一體優待；美國人可以在中國按約指準外國人居住地方設立學堂，中國人亦可在美國一體照辦。

一、赴洋學習幼童入學之初，所習何書、所肄何業，應由駐洋委員列册登註。四月考驗一次，年終駐明等第，詳載細册，賫送上海道轉報。

一、駐洋正副委員二員，每員每月薪水銀四百五十兩，繙譯一員，每月薪水銀一百六十兩。

一、每年駐洋公費銀共約六百兩，以備醫藥信資文册紙筆各項雜用。

一、正副委員、翻譯、教習來回川費，每員銀七百五十兩。

一、幼童來回川費及衣物等件，每名銀七百九十兩。

一、幼童駐洋束修膏火屋租衣服食用等項，每年計銀四百兩。

一、每年駐洋委員將一年使費開單知照上海道轉報，倘正款有餘，仍涓滴歸公，若正款實有不足之處，由委員隨時知照上海道禀請補給。

一、每年駐洋薪水膏火等費，約給庫平銀六萬兩，以二十年計之，約需庫平銀一百二十萬兩。

此章程爲同治十年七月初三日由曾李兩人專摺會奏，當時總理衙門覆奏不分滿漢子弟擇其質地端謹，文理優長，一律送往，李等卽據以選派學生，於十一年正月奏請陳蘭彬爲正委員，容閎爲副委員，常川駐美經理一切。因挑選幼童，在滬設局辦理，故又奏請劉翰清總理滬局事宜，同時並以曾恆忠爲翻譯，葉源濬爲出洋敎習(1)並訂選派幼童出洋肄業應辦章程六條，規定學生中文課程大要及禁令禮儀等。其最要之三條錄下：

1、挑選幼童不分滿漢子弟，年十二歲至十六歲爲率。收錄入局由滬局查

(1)　李等派遣諸人均有其特殊資能，其奏摺中對於五人所下之考語如下：『查有奏調來江之四品銜刑部候補主事陳蘭彬夙抱偉志，以用世自命，雖其容貌則粥粥若無能，絕不矜才使氣，與之討論時事皆洞燭幾微，蓋有遠略而具內心者。又運同銜江蘇候補同知容閎前在花旗等處最久，而志趣深遠，不爲習俗所囿。同治二年曾派令出洋購買機器。該員練習外洋風土人情，美國尤熟，適之地足以聯外交而窺秘鑰』。『鹽運使銜候補知府劉翰清淵雅純篤，熟悉洋務』。『五品銜監生曾恒忠究心務學兼曉沿海各省土音，堪充翻譯事宜；光祿寺典簿附監生葉源濬文筆暢達，留心時務，堪充出洋敎習事宜』（同上，頁七九。）

考中學西學分別教導。將來出洋後，肄習西學仍兼講中學，課以孝經、小學、五經及國朝律例等書，隨資高下，循序漸進。每遇房虛昴星等日正副二委員傳集各童宣講聖諭廣訓示以尊君親上之義，庶不至囿於異學。

1、幼童選定後，取具年貌籍貫暨親屬甘結收局註册，在滬局肄習以六個月爲率，察看可以成就，方准資送出洋，仍由滬局造册報明通商大臣轉咨總理衙門查考。至洋局課程以四個月考驗一次，年終分別等第查報。其成功則以十五年爲率。中間藝成後遊歷兩年以驗所學，然後回至內地候總理衙門酌量器使，奏明委用。此係選定官生，不准半途而廢，亦不准入籍外洋，學成後不准在華洋自謀別業。

1、每年八月頒發時憲書由江海關轉交稅務司遞至洋局，恭逢三大節以及朔望等日由駐洋之員率同在事各員以及諸幼童望闕行禮，俾嫻儀節而昭誠敬。(1)

辦法既定，乃招收學生，當時風氣未開，第一批學生不足定額，由容閎親至香港於英政府所設之學校中遴選少年聰穎而於中西文略有根抵者數人以足其數且因無報紙傳播消息北方人民不知此事，應徵者多粵人，而粵人中又多半爲香山籍。故當時百二十名官費生中南人竟居十之八九。(2)同治十一年(一八七二)夏末容先去美佈置一切，第一批三十人，由陳蘭彬等帶往，分處於新英國省(New England)之各人家，每家二三人不等，爲便利監督，彼此相距甚近；後遷哈特福德(Hartford)。一八七四年乃在哈特福德之克林街(Collins Street)自造一堅固壯麗之屋以爲中國留學生事務所，可容職員學生七十五人，學生則遣往各校就學，國內學生亦繼續照預定計劃派去。

光緒元年秋(一八七五)爲四批留美學生最後一批赴美之期，爲新委員區岳良新翻譯鄺其照與漢文敎習二人帶去。斯時因秘魯招募華工，陳與容均去秘調查，陳急欲請假回國，遂請政府另派委員以代其職，故學生由區等帶去。不久陳與容被命爲駐

(1) 約章成案匯覽卷三十二上。

(2) 西學東漸記頁一百。

美、日、秘三國出使大臣及副大臣留學教務由區及內閣中書容增祥接辦。光緒二年政府另遣吳子登爲委員；吳固頑舊，對於學生在美種種舉動，因其與中國士人習慣相背，已早不滿，故抵美對於從前已定之規程，多所吹求，尤好發官氣，對於學生之責難甚多，卒於光緒七年（一八八一）請准將所有學生一律撤回。(1)但留美者尚約十人。(2)第一期學生之中有唐紹儀、梁敦彥、詹天佑諸人。(3)

(1) 留美中國學生小史：光緒六年，南豐吳惠善爲監督，其人好示威，一如往日之學司。接任之後，即招各生到華盛頓使署中教訓，各生謁見時，均不行拜跪禮，監督僚友金某大怒，謂各生適異忘本，目無師長，固無論其學難期成材，即成亦不能爲中國用。具奏請將留學生裁撤，署中各員均竊非之，但無敢言者，獨容閎力爭無效，卒至光緒七年，遂將留學生一律撤回。（柳詒徵編中國文化史第三編。）

(2) 新大陸遊記：哈佛者中國初次所派出洋學生留學地也。中國初次出洋學生除歸國者外，其餘尚留美者約十人；內惟一鄭蘭生者，於工學心得甚多，有名於紐約，眞成就者，此一人也。次則容騤在使館爲翻譯，文學甚優，亦一才也。其餘或在領事署爲譯員，或在銀行爲買辦，人人皆有一西婦。（同上）

(3) 留美中國學生會小史：同治末年，湘鄉曾國藩奏請派幼童出洋留學，議成於一八七〇年，使豐順丁日昌募集學生，翌年適吳川陳蘭彬出使美國，遂命香山容閎率學生同來，以高州區諤良為監督，新會容增祥副之，學生即唐紹儀、梁誠、梁敦彥、容揆、歐陽庚、侯良登、詹天佑、鄭蘭生等，此為中國學生留美第一期。（同上）

第三章　歐洲留學之始

歐洲留學以沈葆楨於光緒元年派遣福建船廠學生，隨法人日意格去法為最早，李鴻章於光緒二年派天津武弁卞長勝等七人隨德人李勱協去德次之。同治六年，閩督左宗棠奏設船廠於福建，保沈葆楨為船政總理，前後五年造成輪船三艘，兵輪二十艘，分布各海口，並創立拉鐵、打鐵、鑄鐵、輪機、水缸諸廠，聘法人日意格為監督。同治十二年來，即籌備派遣閩廠學生去英法兩國學習，適臺灣事起，中途停止。光緒元年日意格返國，沈乃遣學生數人同赴法國學習船政。當同治十三年（一八七四），因定購新式後膛鎗炮，並托德國克鹿卜炮廠代僱德國都司李勱協為教習，以三年為期；光緒二年三月期滿返國，李鴻章遣卞長勝、朱耀彩等七人同赴德國學習陸軍，以三年為期。(1)此為中國學生去法德兩國之始，但均爲大員所遣，非政府正式派送，故學生監督，學習科目均無一定規章。光緒二年十二月李鴻章等奏准派遣福建船廠學生及藝徒三十名，去英法兩國學習海軍與製造，並派監督兩人董理其事，管理經費等事均有詳細章程，茲錄如下：

1、奏派華洋監督各一員不分正副，會辦出洋肄業事務。俟挈帶生徒到英法兩國時，由監督公同察看大學堂、大官廠應行學習之處，會同安插訂請精明教習指授。如應調赴別廠或更換教習，仍須會商辦理。其督課約束等事亦責成兩監督不分畛域。如遇兩監督分駐英法之時，則應分投照顧。其華員及生徒經費歸華監督支發，洋員洋教習及華文案經費，歸洋監督支發。每年底由兩監督將支發各數會銜造報。凡調度督率，每事必會同認眞探討，和衷商權，期於有成。萬一意見不合，許即據實呈明通商大臣、船政大臣察奪。

1、選派製造學生十四名、製造藝徒四名，交兩監督帶赴法國學習製造。此項學生即宜另延學堂教習課讀，以培根柢，又宜赴廠習藝，以明理法，俾可兼程並進，得收速效，以備總監工之選。其藝徒學成後，可備分廠監工之選。凡所習之藝，均須極新極巧，倘仍習老樣，則惟兩監督是問。如有他廠新式機器及礮臺、兵船、營壘、礦廠，應行考訂之處，由兩監督隨時酌帶生徒量給。其第一年除酌帶量給外，其餘生徒，可以無須游歷第二第三兩年，約以每年游歷六十日爲率，均不必盡數同行，亦不必拘定時日。

1、選派駕駛學生十二名，交兩監督帶赴英國學習駕駛兵船。此項學生應赴水師學堂先習英書，並另延教習指授鎗礮、水雷等法，俟由兩監督陸續送格林回次、抱士穆德大學院肄習其間，並可帶赴各廠及礮臺兵船礦廠游歷，約共一年，再上大鐵甲船學習水師各法，約二年，定可有成。但上兵船額可援日本派送肄業

(1)　據李鴻章光緒五年奏派往外洋華弁學成回華，給獎摺中所載，當時派遣往德者爲卞長勝、朱耀彩、王得勝、楊德明、查連標、袁雨春、劉芳圃七人。卞朱兩人因學業無進步先調回，查袁劉三人於光緒五年返國，任直隸軍職，楊其時病居柏林，王則在柏林就學。

之例，陸續拔尤，分班派送五六人，其未到班者，仍留大學堂學習。既上兵船，須照中國水師規制，除由留辮髮外，可暫改英兵官裝束。其費由華監督歸經費項下支給。內有劉步蟾、林泰曾二名，前經出洋學習，此次赴英，即可送入大兵船肄業。

1、製造生徒赴法國官學、官廠學習，駕駛學生赴英國格林回次、抱士穆德學堂並鐵甲大兵船學習，應請總理衙門先行分別照會駐京之英法公使，咨會本國外務院，准照辦理。其英國學習各事，或再由中國駐英欽差大臣就近咨商辦理。兩項學生每三個月由華洋監督會同甄別一次，或公請專門洋師甄別。並由華監督酌量調考華文論說。其學生於閒暇時，宜兼習史鑑等有用之書，以期明體達用。所有考冊，由兩監督彙送船政大臣，轉咨通商大臣備核。其駐洋之期，以抵英法都城日起，計滿三年為限，未及三年之前四個月，由兩監督考驗學成者送回供差；其中若有數人將成未成，須續學一年或半年者，屆時會同稟候裁奪。總以製造者能放手造作新式船機及全船應需之物，駕駛者能管駕鐵甲兵船，回華調度布陣，並有專門洋師考取給予確據者，方為成效。如一切辦無成效，將監督議處。

1、製造駕駛兩項學生之內，或此外另有學生願學礦務化學及交涉公法等事者，由監督會商挑選。就其才質所近，分別安插學習，支給教習修金。仍由兩監督隨時抽查功課，令將逐日所習詳記送核，亦以三年爲期。學成後公訂專門洋師考驗確實，給有底據，送回供差。

1、兩監督及各項生徒自出洋以迄回華，凡一切肄習功課游歷見聞，以及日用晉接之事，均須詳註日記，或用藥水印出副本，或設循環簿，遞次互換，總以每半年彙送船政大臣查核，將簿中所記，由船政抄咨南北洋大臣覆核。或別國有便益新樣之船身輪機及一切軍火水陸機器，由監督隨時探明，覓取圖說，分別繪譯。務令在洋生徒考究精確，實能仿效。一面將圖說彙送船政衙門察核，所需各費，作正開銷。

1、各項生徒如遇所訂教習不能認眞指教，或別有不便之處，應隨時訴明華監督會同洋監督察看確實，妥爲安置。若該生徒無故荒廢，不求進益，有名無實，及有他項嗜好者，均由兩監督會商分別留遣嚴究。其員生每月家信二次，信資以及醫藥等費，作正開銷。或延洋醫，或延駐洋公使之官醫，或應另請派撥醫生，均於到洋後酌定。萬一因攻苦積勞，致有不測之事，則運回等費，作正開銷，並給薪費一年半；仍酌量情節，稟請附奏以示優邮。如有聞訃丁憂者，學生在洋守制二十七日，另加邮賞，飭該家屬具領。

1、此次選派生徒，應由監督溯查考蹟，詳加驗看。如有不應出洋，濫收帶往，不能在官學官廠造就，以致剔回者，其回費由監督自給。生徒赴洋後，有藉詞挾制情事，因而剔回者，卽將挾制實在情形，稟請抵華後查明懲究。如咎不在監督者，仍開報回費。實係因病遣回者，不在此例。

1、兩監督和衷會辦，當互相覺察。萬一華監督有敷衍塞責等情弊，而洋監督不行舉發，或洋監督有敷衍塞責等情弊而華監督不行舉發者，咎各相等。查有扶同確據，卽分別照會咨行，隨時撤換，不必俟三年期滿。如果事事實際，生徒多優異者，將兩監督專摺奏請獎叙。

1、此次所議章程，總以三年學有成效爲限。若三年後或從此停止，或另開局面，均由船政大臣、通商大臣會商主裁，外人不得干預。

第一批學生於光緒三年二月出國。其時以法人日意格爲洋監督，道員李鳳苞爲華監督，並隨員馬建忠、文案陳季同、翻譯羅豐祿等率同學生於三月到歐，在英法延請教師補習四個月，然後入學校。其在英法分入各校學習之情形，李鴻章言之甚詳。他說：

「溯查出洋生徒在船時各限功課，不令閒曠。既抵英法，專延洋師補教，以充根柢；一面偕同洋監督面商英法部臣，將在英之駕駛生先派三名登鐵甲船，九生入格令尼次官學，續將官學八生調入鐵甲船學習，歷赴地中海、大西洋、美利堅、阿非利加、印度洋等處，學習操防、排布、迎禦之法。迨離船後，又專延教習補授電氣、鎗礮、水雷各法，具有船主憑單給執，並照章酌量游歷上廠，以廣見識。是駕駛諸生在船學習不止原定章程分班五六人上鐵甲船已也。其在法之製造生，先送四生入削浦官學，五生入多廊官廠，其餘派入汕答佃官礦學及科魯蘇民廠，分習開採、烹鍊、鎔鑄等事。旋經商明部臣，將汕答等處五生入巴黎官礦學，其製造藝徒初派民廠，補習工藝，續經分送賽隆及向海士登官藝學，該生徒等各照官學所定章程，專門洋師，按年甄別，給執官憑，並酌量遊歷英法比德各國新式機器船械各廠，以資考訂。凡有傳習各生徒，俱已竟功。』

此次學生之成績優異者有習製造之魏瀚、陳兆翺、鄭淸廉、林怡遊，習開採鎔鍊之羅臻祿、林慶升，習駕駛之劉步蟾、林泰曾、蔣超英、方伯謙、薩鎭冰諸人。光緒七年並由李等奏請續派船廠學生十名去英法學習，以後卽停止。直至光緒十六年四月由總理衙門奏准出使英、俄、法、德、美五國大臣每屆酌帶學生二名，共計十名，均以三年爲期；光緒二十一年再奏准派學生分赴俄、英、法、德各四名，共計十六名，惟所派學生均以襄贊使署公牘爲務，無暇求學，實不能謂爲留學生，不過閩廠學生回國，西洋留學以此使署學生相續耳，此二十年間可算爲西洋留學之初期。

第四章　日本留學之始

甲午戰後，中國始知國力遠遜於日本，但日本在數十年前固無赫赫之名於世界，而竟一戰勝我，則明治維新有以致之。中日比隣，消息易於傳播，加以文字障礙又較西洋爲少，故去日者甚多。政府派遣學生去日留學始於光緒二十二年（明治二十九年宏文學院沿革概略說：

『往年清國學生之來者，僅清國公使館私聘教師以學日語一二三人而已。其所謂官派留學生者，實以明治二十九年爲嚆矢。當時公使裕庚氏經日本政府以十三人學生依囑高等師範學校長嘉納氏。於是氏直使同校教授本田增次郎氏當事，更又聘教師數人開始日語日文及普通學科之教授。此等留學生中或罹疾患，或因事故，致不得已而半途回國者往往有之。惟唐寶鍔、胡宗瀛、戢翼翬、朱光忠、馮誾謨、呂烈煌等皆以良績卒三年之業。就中如唐寶鍔、胡宗瀛、戢翼翬等三人，更進修專門之學，及歸國後，再及第殿試，至昨年得賜進士出身。唐寶鍔、戢翼翬兩氏此次隨考察政治大臣戴澤殿下行，任調查日本制度之責，克盡力於開發國運，其影響於清國前途者，正未有艾也。此等留學生卒業之後，當時公使李盛鐸氏續送數名，鄂督張之洞氏亦相繼咨送。於是嘉納氏以三矢重松氏充教育主任。此等學生亦以良成績卒其課程，進修專門之學，迄今尚有得高等學科者。其有既歸國者，皆就樞要之地。至三十四年，北京警務學堂亦簡派警察學生數十人以托其教育。

」(1)

光緒二十四年始由政府令各省選派學生，且視爲一種固定的政策。此議倡於日人矢野文雄，首先主張接收此議者爲御史楊深秀。此段公案，詳載於光緒二十四年總理衙門覆議遴選生徒遊學日本事宜摺中。茲錄其全文於下：

「准軍機處鈔交御史楊深秀片奏泰西各學，自政治、律例、理財、交涉、武備、農工、商務、礦務，有學，日本變新之始，遣聰明學生出洋學習於泰西諸學燦然美備。中華欲遊學易成，必自日本始。聞日本大開東方協助之會，願智吾人士，助吾自立，招我遊學，供我經費，以著親好之實。經其駐使矢野文雄函告總署，伏乞飭下總署速議遊學日本章程，選舉貢生監之聰明有才年未三十者，在京師聽人報名，由總署給照，在外聽學政給照等因。光緒二十四年四月十三日奉旨著總理各國事務衙門議奏欽此。查本年閏三月間，准日本使臣矢野文雄函稱該國政府擬與中國倍

(1) 宏文學院編輯普通科師範科講義第一編雜錄。

敦友誼，藉悉中國需才孔急，倘選派學生出洋習業，該國自應支其經費；又准該使臣，來署面稱，中國如派肄業學生陸續前往日本學堂學習，人數約以二百人爲限。經臣等備函致謝，並告以東文學堂甫經設立，俟酌妥辦法，再行函告，該使臣亦稱須預議妥章等語。近年以來日本講求西學大著成效，又與中國近在同洲，往來甚便，既經該國函請派往游學，臣等公同商酌，擬即妥訂章程，將臣衙門同文館東文學生酌派數人，並咨行南北洋大臣，以及兩廣湖廣閩浙各督撫，就現設學堂中遴選年幼穎悟、粗通東文諸生，開具銜名，咨報臣衙門，知照日本使臣，陸續派往，即由出使日本大臣就近照料，無庸另派監督。各生應支薪水用項，由臣衙門核定數目，提撥專款，滙交出使大臣，隨時支發。該御史所請在京聽人報名由總署給照，在外聽學政給照，未免漫無限制，應毋庸議。』(1)

當時派遣西洋學生均有委員或監督伴同照料，留日學生則由出使大臣照料，此

(1) 約章成案滙覽遊學門下

爲留學管理上之大變更。學生除同文館之東文生外，外省者大半不通東文，到東勢不能不爲語言文字之補習，日人高楠順次郞於明治三十一年六月（光緒二十四年）首創日華學堂專爲中國學生補習語言文字及各種學科。該校章程緣起說：

「淑設本學堂專在敎養淸國學生，務使學生從速講習我語言，諳熟我風俗，並修普通各科之學，而爲治專門各科之地步，以期培成其材。蓋日本國學校之制有普通之學及專門之學……國民始進小學校後，經二十有餘載，克成其業。今淸國學生離鄕負笈，欲按我國學制，淹留多年以畢其業，揆之理勢，實屬難行。本學堂課程於此，盡心妥籌，務爲省功而效於實用，勉就簡捷而速成其藝。故本堂課程分爲正科、另科：正科則有普通預備科，高等預備科；另科則有預備選科，日語專修科，使學生量力修業，以培其基，而後再進大學或高等各學以治專門之學。

該校普通預備科爲高等及專門學校之預備，修業期二年，授日語、英語、德語、歷史地理、數學、物理、化學諸科。高等預備科爲進帝國大學分科之預備，肄業期約一年，功課爲法學、文學、工學、理學、農學等。預備選科爲曾通普通科之學生擬從速進帝國大學或專門學校而設，修業無定期，大約爲二年，功課亦無定，可在高等預備科中選習數科。日語專修科專爲願速說日語者而設，專教日語，肄業期限約一年。

當時學生之赴日者爲數甚少，該校沿革章中說：

『本學堂明治三十一年六月開辦，專爲從速教成清國學生，俾之學習言語及普通各科，以爲異日精研高等專門各科之地步。初由浙江省求是書院派來文學生四名，本年（明治三十二年，卽光緖二十五年）一月由南洋公學堂派來文學生六名，又有公學生及自備資斧而來者三四人，至今年四月由天津頭等學堂、水師學堂、二等學堂派來入本堂專學日語者十二人。總計學生共有二十六人。現在延聘各學科言語科敎習共爲十位。』

此二十六學生中，計明治三十一年六月入學之浙江陸世芬、陳幌、錢承誌、何燏時、汪有齡，十月入學之浙江吳振麟，三十二年一月入學之浙江章宗祥、富士英、江蘇雷奮、胡祖泰、楊蔭杭、楊廷棟，二月入學之廣東陳玉堂，三月入學之廣東鄭康耆、黎科、張煜全、王建祖、江蘇張奎、周祖培、浙江高淑琦、直隸安慶瀾、蔡成煜、安徽金邦平、福建沈琨（尙有一人未詳。(1)此校獨無同文館學生，大概同文館東文生已識日本語言文字不必入該校預備之故。

自此而後，各省均派遣學生去日，私費前往者亦多。光緒二十八年七月留日學生鈕瑗等五人因保送士官學校問題約集江蘇舉人吳敬恆、孫揆均等數十人與出使大臣蔡鈞發生衝突，至召日警彈壓之事，但當時因需才孔急，並未因此中輟。同年北洋大臣袁世凱奏派武衞右軍學堂第三屆畢業生五十五名，由監督一人率赴日本入陸軍學堂。光緒二十四年管學大臣張百熙奏派余棨昌、曾儀進、黃德章、史錫倬、屠振鵬、朱獻文、范熙壬、張耀曾、杜福垣、唐演、馮祖荀、景定成、陳發檀、吳定棧、鍾賡言、王桐齡、王舜成、朱炳文、劉成志、顧德鄰、蘇潼、朱深、成雋、周宣、何培琛、黃藝錫、劉冕執、席聘臣、蔣履曾、王曾憲、陳治安等三十一人去日。自此而後，各省公私費生之去日者更多，以後卽入極盛時期了，當於第六章中詳之。

(1) 日華學堂章程要覽(皇朝蓄艾文編卷十六)

第五章　西洋留學之再興

自同治十一年派遣學生赴美而後，西洋留學生所習科目均爲軍事；及閩廠學生停送，雖然出使英美各國大臣隨帶學生二名至四名出國但均係襄贊使署文牘，並非專門留學。故西洋留學自光緒八年閩廠學生回國後直可謂之中止。甲午之役，數十年來培植之海軍一敗塗地，且割地賠欵。斯時國人一面鑒於外患之交逼，一面羨日本變法之有成，對於西洋學術已不專慕其堅甲利兵之軍事而有物質文明勝我之認識。戊戌之變，雖不曾立將當時革新黨之理想實現，但一般民衆對於西洋學術之觀點却因之而變。慈禧垂簾因美日等國保護國事犯康有爲、梁啓超而竭力排外，但時事艱難，對於實學仍須切實講求，(1)所以光緒二十五年七月軍機大臣面奉諭旨著總理衙門議

(1) 光緒二十四年九月三十日慈禧太后諭各省書院照舊辦理停辦學堂原文說：『書院之設原以講求實學，並非專爲訓詁詞章。凡天文、地輿、兵法、算學等經世之務，皆儒生分內之事，亦不外乎此。是書院之與學堂名異實同，本不必定須更改。現在時勢艱難，尤應切實講求，不得謂一切有用之學，非書院所當有事也。』

定派遣學生出洋分入各國農工商等校專門肄業以便回華傳授辦法。該衙門卽據以議定章程六條如下：

1、請飭出使大臣就現派出洋學生督令各肄專門之學也。查出使各國大臣每屆奏帶同文館學生各二員，係專資辦文牘之員，自無暇分身肄業。至光緒二十一年冬，臣衙門奏准派學生分駐俄英法德四國肄業，國各四名，共十六名，月給薪水銀五十兩，歲需經費九千六百兩，又南北洋及鄂省派赴日本學校各二十名，又浙江四名，費由各省籌給，共計已派出洋學生六十四名。現在出使經費極爲支絀，物力甚艱，應先就此項學生察其才性，擇尤送入農工商礦學堂肄業，應加津貼並延師經費，准在出使經費項內開支作正報銷。又查光緒十二年先後據出使大臣曾紀澤許景澄咨報轉據洋監督師恭薩克稟稱出洋學生第一屆第二屆赴各學堂船礮廠肄業歷經各洋官考列，記優次數分別等第，給予執照。內有能造船械，能開五金礦，能造礮藥，能充機器匠首，能充駕駛教習，能辦軍務工程各若干名，一一註明肄業何堂，從何工師，游歷何廠，領有何等官憑，可充何項監工。咨臣衙門立案。上年九月據駐英國使臣羅豐祿文稱學生朱敬彝派學製造鐵路，王汝維派學礦務，漸有端倪等語，應請飭下各出使大臣，推廣辦理，並隨時照料，稽查功課。

1、清飭選譯農工商礦各書，刪繁舉要使人人易於通曉也。伏查臣衙門同文館，江南製造局及鄂滬各學會翻譯西書之有用者，已不下數百種，其中如農學新法，蠶務圖說，農事論略，植物學，種蔗製糖，養蜂各法，皆農政類也。汽機必以工程，致富考工記要，海塘輯要，鑄錢工藝，電氣鍍金，星軺考轍，鐵路工程，造硫强水法，造紙法之屬，皆工政類也。富國策，正續，生利分利之別，貿易總冊，皆商政類也。開煤要法，井礦工程，冶金錄，寶藏興焉，西國鍊鋼，皆礦政類也。嘗見粵刻有防海新論節要本，圈點句讀，極爲簡明。西書文多繁複，其不切要者，不妨篇刪其句，句刪其字，或稍潤色之，務使人人易知易行，一覽了然。日本人於西學書多加刪節而酌改之，得其要領，使適己用。應請飭下南北洋大臣，鄂省督撫，各出使大臣，派員翻譯有用之書。或聘高材教習，如徐建寅，華蘅芳，金楷理，傅蘭雅之流，擇其於中國土宜物力簡當之資，可以家喻戶曉，使農與農處，工與工處，商與商交，風氣大開，懲勸互用，是與列邦之設博物院勸工場無以異，十年之後，效可睹也。

1、請飭疆吏寬籌常年經費，續派高等學生出洋肄業也。自光緒初年通使西域以來，南北洋閩船政局時有派武弁藝徒已曉方言者，分赴各處工廠肄業之舉；或送入法之哈富馬賽學堂，或赴英之阿姆士莊廠，或赴德之哈次礦廠。學成回華，多有能充教習才任器師者。現各省應推廣籌辦出洋後，由出使大臣考校課程大要，以劄記譯書二事爲綱領。

1、出使參贊隨員如有精通洋文者，亦可令肄習各學堂也。查歷屆出使大臣遴選高才之員出洋差遣，本屬藉資閱歷各國政教風俗與農工商礦各種制度學問，課以日記，歸爲拜獻之資，本係奏定章程。英國中等學堂例定年十一以上十三以下方准收入，其上等學堂則已通翻譯者可以送入。應請飭各出使大臣詳查，如有參隨人員已能淹貫語言文字者，擇其性之所近，令肄農工商礦各學，習其理兼習其數。如有心知其意，翻訂考校，編成專書，實可見之施行者，行之有驗，奏明請旨隨材錄用。

一、俟學生業成回華分派各省農工等藝學堂以開風氣也。美國農利甲於歐洲，蓋謂農爲邦本，故於農政農器最爲究心，考百物之異質，審九土之異宜。至各國工政礦務，皆以機器濟人力之不足，商政以鐵路爲緯，以銀行爲經，講求不遺餘力。學雖分門，實有相成之義，而立國之根基寓焉。現各省設商務局，使官主持商情之渙者，仍不能聚，徒博虛名，無益實事，不若專設藝學堂，以農工商礦分門課授，先酌聘西敎習，一俟業成之藝生回華，卽行辭退西敎習，悉令此項藝生充當，庶風氣廣開，可收實效。

一、請將業成回華得有文憑之學生甄別優劣，分發委用，量予官職，以資鼓勵也。議者謂入外國學堂三年，勝於中國十年，游學之益，幼童不如通人，庶僚尤不如親貴，此深切時病之言也。俄之前主彼得，憤其國之不强，親到英和船廠爲工役十餘年，盡得其製造駕駛之法，歸國敎練，浸致强大。日本在同治初年，鎖港拒敵，旋爲美英兵船所乘，發憤求自强之策，歷遣榎本武揚山縣有朋陸奧宗光伊藤博文等率其徒百餘人，遊學歐洲各廠，或肄政治工商，或究水陸兵法，學成而歸，漸加擢用，損益西法而用之，國勢遂日强一日。此遴派親貴賢能重出洋之選，其明效大驗也。聖明燭徵見遠，興學致用，徐圖推廣，始基立矣。現擬派出洋之員弁學生，資有利鈍，成有遲速，向章限三年期滿回華，恐未必能速成，自應一律限定六年，學成務以考得優等文憑爲度，責成各出使大臣出具切實考語，方准咨送回華。其由同文館派出者，歸臣衙門考試，評定優劣，奏請分發沿海省分差委；其由各省派往者歸各督撫考試，一體量材委用，俟有成效，然後准其保獎，酌予升階，以勵成材而儲遠器。(1)

此六條章程底條文很有幾分像策論文章，但當時政府對於留學的思想却可看出一大部分，其最重要者(1)注意農工商礦等實業科，(2)節譯西書，(3)延長學習期間爲六年，(4)提倡親貴游學，(5)獎勵回華留學生。惟一切費用均在出使經費內開支，故名額不曾增加，而當時舊黨操權，日以排外爲事，第二年（光緒二十六年）七月卽有拳匪之亂，此章程實不曾實行，不過開西洋留學以學習實業的新途徑而已。

拳匪之亂，卒召八國聯軍入京，致皇帝蒙塵，禍首被懲，遣使謝罪，賠軍費，燬炮台，爲中國歷史上未有之奇辱。國人經此重創，對於西洋文明固懷羨意，而因日本變法而强之成例，舉國人士幾無不以變法爲圖强之道：當時疆臣均以改行新政爲言，守舊派因事實之逼迫，亦不能頑强不化，横生阻力。故當時變法之議，已成爲朝野一致的輿論。而變法首須執法之人：中國素以閉關自守爲能，對於西洋文物少有究研，當然少諳熟西洋之人材，於是培植人材之留學政策極其重要。光緒二十七年八月上諭各省選派學生出洋，同年十二月派張百熙爲管學大臣，二十八年張氏召對即奏陳京師大學堂宜派學生出洋分習專門以備教習之用，二十九年在京師大學速成科中選余棨昌等三十一人派往日本而外，並選俞同奎等十六人分赴西洋各國。(2)

此時日本留學生爲數爲不少，但西洋因費重道遠，往者不多，故光緒二十八年九

(1) 約章成案匯覽卷三十二上。

(2) 際俞同奎外爲何育杰、周典、潘承福、孫昌烜、薛序鏞、林行規、陳祖良、鄧壽佶、程經邦、左承詒、范紹濂、劉光謙、魏渤、柏山等十五人。

月初四日上諭各省督撫籌款選派學生去歐美各國求學。(1)而堅甲利兵的思想仍充滿大僚腦中，二十九年所以兩江總督張之洞在江南水師學堂調選畢業生八人去英習管輪與駕駛，由陸師學堂選八人去德習步騎炮工各科。同年鄂督端方在湖北各學堂中選八人赴德，十人赴美，四人赴俄，二十四人赴比，(2)並派曾在美國肄業學成而歸之候選同知施肇基爲美法兩國留學生經理，派德國留學生監督戶部員外郎閻海明兼充比國游學監督。

(1) 原諭云：『前經降旨飭令各省調派學生出洋游學以資造就。聞近來游學日本者尚不乏人，泰西各國或以道遠費多資選甚少，亟應廣開風氣，著各省督撫選擇明通端正之學生，籌給經費，派往西洋各國講求專門學問，務期成就眞材，以備任使。』

(2) 張之洞派赴英德之十六人姓名不詳。端方派赴德國者爲錦銓、楊祖謙、李人鐸、吳連慶、善明、賓步程、陳籙、馬德潤、陳籙並順至法國求學；往美國者爲劉慶雲、姚臣懿、程毓璘、陶德琨、朱啟烈、徐家琛、張繼業、楊恩湛、雷以綸、盧靜恆；赴俄國者爲肖煥烈、夏維松、嚴式超、劉文彬；所學科目未詳。赴比國者爲楊蔭蕖、吳國良、汪鍾嶽、羅葆寅、胡秉柯、魏震組、賀子才、史靑、貞大偉、祿崇、姚業經、楊循祖、鄧鳳池、劉祥雲、許熊章、喻毓西、程光鑫、劉蔭勤、李光驅、王治輝、胡瑞年、李以祜、陳寬阮、李彪；學習之科目統名實業。（以上均見約章成案滙覽卷三十二下）。

此爲西洋留學進行之初期。自光緒三十年至宣統末年，除清華學校之設立與美國留學有特殊關係當專章論列外，還有比國留學，西洋留學通則與歐美陸軍留學三事，在西洋留學史中很爲重要，茲分述之。

光緒二十九年端方卽曾派學生二十四人至比習實業，但係一省的特殊情形，並非通例。光緒三十年出使比國大臣楊晟因比國學制大備，學費較廉，奏請飭各省分遣學生去比學習路鑛製造等科，擬定章程十二條，於斯年十二月批准。照章程規定每省自四十人至十人，學額幾與後來留日學生相等，當時各省雖不能照此派遣，但中國路鑛人材以留學比國爲多，實楊之力。茲將其訂定之章程錄下：

1、學生以實年十五歲左右，資質聰穎，舉止端嚴，身體强壯，文理明順四者俱備爲合格。

1、各省挑選學生，視省分大小財政贏絀，每省至多四十人，少者十人，由督撫酌定額數，通飭各學教職查取近兩案入學新生，年在十六以內者，詢其父兄如願令出洋游學，卽以所選諸人申送該管知府，俟各縣取齊，試以中文，不必問其曾習西文與否。該府攤送幾名，照第一條年格擇尤送省。查未冠入學，歲科兩試多有之，求之一省尤易。雖中文未必卽佳，然當不失爲明順。挑選須秉至公，不得瞻徇情面。

1、各學合格者如不足額，可就該省高等學堂暨各府中學堂專取中文佳者充之，不必定選生員，但此項宜居少數。

1、各生由府送省照定額外多數人，由督撫親加考察，面考中文，一一合格，發交首府，安置總所。派老成委員與之相處旬日，默察性格行爲，卽於多送之數，剔其較遜者。名數既定，咨報京師學務處備查。

1、各省派生，遠近遲速，勢難一律。凡總督兼轄如蘇皖贛三省暨其他鄰省，可先期會商合計學生五六十人，公派一知法文或英文委員，擇數省適中之地會齊到滬，先通知江海關道，預購外洋公司二等船票，由原送委員導之出洋。若偏省無解西文者，但派員送滬，俟有數十人，交江海關派員代送，該員送至比京，卽行回華。

1、現與比文部商定，每生師修房膳歲一千二百佛郎，衣服冠履歲一百佛郎，均繳學堂代辦。各生添置書籍，一切零用，歲三百佛郎，撥給學生自理。合計一人共需一千六百佛郎，不足華銀五百兩。

1、學生入堂應請比文部派一司員，使署派一隨員稽察功課，監視起居，兼司支應。均宜酌貼旅食川資，計一生歲出二十四佛郎，如十生則給二百四十佛郎。隨員學費並滙。

1、滙費之法，假如一省派出十生，則於訂定月份，由上海華比銀行滙比一萬六千二百四十佛郎，多者照增。銀價低昂無定，而學費之佛郎有定，核准照滙，可免終歲造報之煩。各省應滙佛郎若干，屆時電詢江海關道佛郎市價，合銀兌解。

1、遊學生間有在華留支一項，今所派年未及冠，未能自謀薪水，或從寬每生歲給數十金，令該家屬就近支領，或俟二三年後，資格可入專門學校，再議及此。亦隱寓鼓勵加功之意。如何辦法，各省必會商一律，免致偏枯，並卽咨明使署。

1、學生來後，擬習何項專門，卽於出洋時註入名册。性不相近，亦須酌改，但不得任意紛更。

1、學生年幼，文理粗通，間斷歲久，必致荒蕪。宜將中文應讀之書携之出洋，以餘力温習。大約七年學成歸國，再習華文二年，便有可觀。

1、人數既衆，難保無一二蕩檢踰閑不安本分者，當給三等船票立飭回華，川資由該省照撥。至歷年學費，應由督撫追繳，不得寬免。(1)

當時派遣學生雖由各省自籌款項，西洋雖然是費重道遠不如去日本之易，但當時政府提倡不遺餘力，且設奬勵及禁令（詳下章）以督促之，去西洋求學者亦逐漸日多，於是光緒三十年由外務部與學務大臣本從前派遣幼童學習西藝（武備、製造、農、工、商等）之遺意，共同擬訂游學西洋簡明章程六條範圍學生，除第六條專屬學費之規定俟留學經費章中再爲引述外，茲錄其前五條於下：

1、英美德法於武備製造農工商諸學各有專門，一時推重；比利時路鑛工藝，素所擅長。學者必通西文，乃有門徑，否則授受無從浹洽。宜擇年自十五至二十五已通西文者出洋，期以三年五年，學成致用。此項學生徑入專門學堂，可由使臣派參隨兼察，以省專派監督之費。

1、不通西文則宜選實年十四五心地明白文理曉暢者出洋，從語文入手，勿以年長充數；蓋二十以後舌本偏强，學語不易一也；年長好生橫議，迫脅幼者二也；跅弛不羈，難於約束三也。至中文毫無根柢，則無以造就通才，尤當擇之於始。

1、遊比學生間有曾涉獵英文東文者，一入比國，語文不同，前功盡棄。查直隸、江蘇、廣東、福建等省，久設方言學堂，且有西士設館，其中以英法文爲多，德俄較少。若出示招考，當有應選者。以向習某國語文遣遊某國，必收事半功倍之效。惟美通行英文，比通行法文，遊學美比，卽選習英法文者可也。

1、邊省腹省，風氣晚開，欲遣遊學，勢難繩以必通西文，宜照第二條年格選派。擬往某國，先擇熟諳某文一員導之出洋，賃屋延師，居中翻譯，名曰幫敎習。並監其起居，達其謠俗。俟普通畢業，再入專門。若各省續派學生，仍令接辦；蓋熟諳西文

(1)　江寧學務雜誌丙午年第二期（江蘇出版）

得衆學生難，得一譯員易。惟必係品端學粹，不得用市井通事，一知半解者以致自誤誤人。薪水獎敘，均照出使章程隨員例。再各國語文有兼尙者，如遊美譯員宜用英文，遊比譯員宜用法文，遊德與俄能得通其國文者固善，否則德以英文，俄以法文亦可勉强通用。

1、學生出洋如無監督，應由使臣隨時約束考察，毋得沾染習氣，不求實學，買櫝還珠，爲世詬病。其有頑梗不率敎，玩愒不力學，蕩軼閑檢有損顏面者，屢戒不悛，卽當飭送回華。由該省追繳學費，以示懲儆。(1)

由章程所規定者看來，我們知道當時國人對於西洋各國之認識還只以西藝爲限，而不及其政敎。此外條文中還有三事當注意者：

1、通西文者三年或五年卽可學成致用，且能送入專門學堂。

2、因幼者易於學習語言，故選十五歲以下之兒童，

3、由譯員導學生出洋。

第一項規定將語言與科學混爲一事，以爲能通其語言者卽能直入其專門學校，

近日社會上以留學生爲萬能之弊習與此不無關係。第二項固有一部分理由，但派遣學生之目的原在爲國家造成通材，而選擇不明國情之幼童出國，結果只是外國化。第三項則由於不明研究學術之性質所致，雖無大影響於未來學術，但亦足見當時國人之思想。

光緒三十年練兵處曾擬訂專章選派學生去日學習陸軍，而各省軍隊因改習洋操，教練需人，亦經遣學生赴日本及歐美學習軍事（江督張之洞卽於二十九年派水師陸師學生十六人分赴英德），爲管理便利，練兵處於光緒三十二年訂定陸軍學生游學歐美暫行辦法十二條，茲錄於下：

1、各省旗擬派學生赴某國學習陸軍，須先將人數及就學年限咨商練兵處核定，送處考驗合格，方准派往。

2、選擇學生應按左列之格式：

(1) 光緒新法令第十三冊頁一〇六

1、身家清白，品行純正，志趣遠大，情性朴誠素無嗜好過犯者；2、中學必須文理曉暢，能解釋經史大義者；3、所派往某國之語文必須通曉，以有三年以上之程度爲合格；4、年歲限十五以上，二十四以下；5、相貌須魁偉，五官須端正，四肢須靈活，言語須清楚，聲音須宏亮，耳力須聰達。

3、各省旗選定後，將該生姓名、年籍、三代、履歷、學詣、品格，並非獨子及承重，出具確實考語，咨送練兵處，以便彙齊考驗；如不合格，仍行遣回，由原送省旗酌送相當學堂肄習。

4、學費川資，均由各省旗自行籌備滙寄出使該國大臣兌收。惟爲數若干，須於派送學生以前，將預算節略呈報練兵處核定。

5、學生每月雜費及考入專門學堂，陸軍大學堂，或隨隊習旅行野操，或秋後大操等一切必應加增等費，則由出使該國大臣督同監學或管理員臨時酌定，並咨練兵處以備察核。

6、所派學生如人數衆多，應由本處遴選明達廉介之員，前往該國監學；如所派學生人數較少，仍由出使該國大臣管理，另於使館隨員內愼選一員，經理學費。惟人數之多少，事前未能預計，俟各省派定學生名額後，咨由本處臨時酌量辦理。

7、本處所派監學專司照料遊學一切事宜，並有考察約束之責。凡遇重要事件，應隨時稟承出使大臣辦理。

8、出使該國大臣，有督察學生之權，須隨時悉心考核各學生之品行學業，按年終督同監學造册，咨送練兵處及原派之各省旗將軍督撫，以備察核。

9、查第三條內業經聲明孤子承重不與挑選，則學生入學後，卽不准請假回籍；倘遇親喪大故，應援欽定中樞政考武職親喪，參將以下官員軍務調遣不准給假治喪成例，一律辦理。容俟畢業回國考核分數，頒給執照後，酌給假期，補行守制。

10、學生如隳行廢學者，由出使大臣儆斥，如仍不知改，卽咨明本處斥革，並令原送省旗追繳歷年經費，其有實係資質駑下，難望成材者，亦應隨時咨退，酌飭免繳學費。

11、凡從前已經各省旗派往各國學習陸軍學生，亦均照此章程辦理。

12、學生在各國畢業回國，由練兵處就其歷年所學一一考試，分別等第，照章授職，仍分發原派省分，按職酌量錄用。(1)

由此規程所發生的實際影響如何？其詳無從考知，但以後歐洲陸軍留學生之派遣，却以此爲重要根據。資格中有中文必須文理曉暢，能解釋經史大義，較之外務部及學務大臣所訂之簡明章程專以西文爲重者反爲扼要，是亦可注意之一事。

歐洲之英德法俄比，美洲之美國均有學生，其他各國惟奧派遣學生有史可稽，主其事者爲江督周馥，(2)餘則不知。

(1) 光緒新法令第十四冊

(2) 准出使奧國大臣楊晟函開本年二月間在維也納宮謁見奧主，謂中奧兩國夙敦睦誼，比聞中國整軍經武，深願協助。從前曾有學員來奧練習陸軍，倘此後有人續來，定必切飭教習武員盡心指授等語查奧國陸軍講求根柢最爲精詳，從前曾派員前往練習，頗著成效。現駐德使臣廕昌卽爲從前留奧學員之一。今奧主極意聯歡，若派學員來奧學習，當必周妥……茲擬遴選普通德文之學生十名，前赴奧國，就其才性藝學加習馬步工輜等項武備，以爲行陣儲材。所有滙支學費及稽查約束等事，卽由駐奧使臣就近照料，無庸專派監督，以省繁費。（學務雜誌丙午年第二期）

第六章　留日極盛期

自光緒二十七年經過拳匪之亂而後，變法之要求益切，一切新政均須人辦理，於是疆吏之奏新政者無不以游學爲言，斯年八月初五上諭各省派遣學生，加以獎勵與限制的督促。自二十七年至三十二年五六年間，留日學生達萬餘，實爲任何時期與任何留學國所未有者。留日與我國政治、文化等之關係極大，茲分爲造因，速成生與普通生，陸軍生，特約生四項言之。

甲　造因

留日學生何以在五六年間增加到一萬餘人？此實一可注意之問題。據中九君最近在中華教育界發表的論文，留日學生之所以多，有路近，文同，時短，費省及留學生頭銜好與國內政局不安六種原因，(1)後一種在光緒年間還說不到，第五種爲留學生底普通心理，不只以留日者爲限，前四種確是重要原因，但僅只有此種原因還不足以造成那樣結果因爲光緒二十七年以江蘇底風氣開通，政府招選留日學生尙不過二十人，(2)便是明證。何以數年後人數激增？此不得不從當時政府底功令去研究而與此功令最有關係者要推張之洞。

張之洞時爲湖廣總督，興辦實業，勵行新政，提倡遊學更力。光緒二十四年著勸學篇論變法之要奉旨刊行，其中有一篇專論留學，從歷史與現狀上述留學之必要而特別置重留日。他說：

『出洋一年勝於讀西書五年，此趙營平百聞不如一見之說也；入外國學堂一年勝於中國三年，此孟子置之莊嶽之說也，游學之益，幼童不如通人，庶僚不如親貴……日本小國耳，何興之暴也？伊藤、山縣、榎本、陸奧諸人皆二十年前出洋之學生也，憤其國爲西洋所脅，率其徒百餘人分詣德、法、英諸國，或學政治工商，或學水陸兵法，學成而歸，用爲將相，政事一變，雄視東方。……至游學之國，西洋不如東洋：一、路近省費可多遣，一、去華近易考察，一、東文近於中文易通曉，一、西書甚繁，凡西學不切要者，東人已刪節而酌改之，中東情勢風俗相近，易倣行，事半功倍，無過於此。若自欲求精求備，再赴西洋，有何不可。』

光緒二十六年十二月上諭各大臣於兩個月條議變法要項，他於二十七年同兩江總督劉坤一兩人覆議新政第一摺中，籌擬四條，其四條卽爲獎勵遊學，亦特別注重日本。原摺說：

(1) 中九：留學日本問題（中華教育界第十五卷九期）

(2) 蘇撫聶緝槼奏派學生出洋遊學片說：『據蘇州布政使陸元鼎署江蘇按察使朱之榛會詳蘇省中學堂甫議改爲大學堂，尙無畢業生堪以出洋遊學，惟元和縣舉人陳懋治等願赴日本學堂專習師範陸軍農學等事，……臣詢之九月間赴日本閱操回華各員，均稱所設各學堂規模整肅，功課認眞，圖書儀器無乎不備；資遣遊學，實爲要舉。現在學堂內畢業生無人，各屬呈請遊學者亦尙不多，暫以二十人爲定額，……』（光緒諭摺彙存卷二十一頁三十）

學堂固宜速設矣，然而非多設不足以濟用。欲多設則有二難，經費鉅，一也；教習少，二也。求師之難，尤甚於籌費。天下州縣皆立學堂，數必逾萬，無論大學小學，斷無許多之師，是則惟有赴外國遊學一法。查外國學堂，法整肅而不苦，教知要而有序。爲教師者，類皆實有專長，其教人亦有專書定法。凡立一學，必先限定教至何等地位，算定幾年畢業，總計此項學業，共須幾年若干時刻，方能教畢，按日排定，每日必作幾刻工夫，定爲課程，一刻不曠，如期而畢，故成效最確，學生亦願受教。而教法尤以日本爲最善：文字較近，課程較速，其盼望學生成就之心至爲懇切，傳習易，經費省，回華速，較之學於歐洲各國者，其經費可省三分之二，其學成及往返日期可速一倍。江鄂等省學生在日本學堂者多，故臣等知之甚確。此時宜令各省分遣學生出洋遊學，文武兩途及農工商等專門之學，均須分門認習。(1)

在第三摺說：

(1) 光緒諭摺彙存卷二十一。

惟遊歷實效，以偏遊歐美日本爲全功，而以先遊日本爲急務。蓋遊歷者若無翻譯相隨，瞠目汎覽，仍無所得。東瀛風土文字，皆與中國相近，華人僑寓者亦多，翻譯易得，便於遊覽詢問，受益較速，回華較早。且日本諸事雖仿西法，然多有參酌本國情形斟酌改易者，亦有熟察近日利病刪減一通者，與中國采用，尤爲相宜。(2)

以上是他們提倡留日的用意。更有兩種方法促之實行，即積極的獎勵與消積的限制。張之洞與劉坤一底議覆新政第一摺中說：

『再官籌學費究屬有限，擬請明諭各省士人，如有自備資斧出洋遊學，得有優等憑照者，回華後覆試相覆，亦按其等第作爲進士舉貢。如此，則遊學者衆而經費不必盡由官籌。』

這是獎勵的方法。他們在覆議新政第三摺中，更舉出限制的辦法。原文說：

『擬請明定章程，自今日起，三年以後，凡官階，資序，才品可以開坊缺，送御史，

(2) 光緒諭摺彙存卷二十一。

升京師，放道員者，必須曾經出洋遊歷一次；或三年或一年均可。若未經出洋者不得開坊缺，送御史，升京師，放道員。』

張之洞等奏定學堂章程之學務綱要中並有一條題爲『各省辦理學堂員紳宜先派出洋考察』，以日本爲必到之地。原文說：

『學堂所重不僅在教員，尤在管理學堂之人。必須有明於教授法管理法者實心從事其間，未辦者方易開辦，已辦者方能得法，否則成效難期，且滋流弊。各直省亟宜於官紳中推擇品學兼優性情肫摯，而平日又能留心教育者，陸續資派出洋，員數以多爲貴。久或一年，少或數月，使之考察各學堂規模制度及一切管理教授之法，詳加詢訪體驗，目覩外國教習如何教，生徒如何習，管理學堂官員如何辦理。回國後分別派入學務處暨各學堂辦事，方能有實效而無糜費。歐美各國道遠費重，卽不能多往，而日本則斷不可不到。此爲辦學者入門之法，費用萬不可省：卽邊瘠省分亦必派兩員。若僅至日本考校半年，所費尙不甚鉅。倘不從此舉入手，恐開辦三四年，耗費數萬金，仍是紊雜無章，毫無實得也。』

自經此種獎勵與限制的督促，於是學者羣起因考察無資格爲學業的限制，而國內驟改學校，又急需人材，於是去日者大半以習速成與普通爲目的。第一期速成生卽由此種因。

乙　速成生與普通生

速成生分師範與政法兩種，普通生卽日本所謂中小學學生，當時去日之習普通者大半爲專門預備科之性質。當光緒二十九年，張百熙等奏定學務綱要，對於師範教育極力提倡，惟一時苦無師資，乃規定派遣學生出洋學習。該綱要原文說：

『各省城應卽按照現定初級師範學堂，優級師範學堂，及簡易師範科，師範傳習所各章程辦法，迅速舉行。其已設有師範學堂者，教科務合程度，其尚未設師範學堂者，亟宜延聘師範教員，早爲開辦。若無師範教員可請者，卽速派人到外國學師範教授管理各法：分別學速成科師範若干人，學完全師範科若干人。現有師範章程，刋布通行，若有速成師範生回國，卽可依仿開辦，以應急需而立規模；俟完全師範生回國，再行轉相傳授，分派各府縣陸續更換，庶不致教法茫然，無從措手

」(1)

此令頒行而行，各省派遣學生去日學習師範者甚多，光緒三十年，留日學生已達一千三百餘人，而學文科者一千一百餘人，(2)當時所謂文科卽師範科法政科與普通科，非現在大學分科之文科。去日者衆，在國內又未曾受過新式學校教育語言科學均不足入日本正式學校，於是日人特專爲中國學生設校。此類學校甚多：陸軍方面有私立之成城振武，法政方面有私立法政大學普通補習與師範方面有宏文學院爲最。宏文學院爲日本東京高等師範校校長嘉納治五郎所設，嘉納素留意中國事情，明治二十九年以後，中國派遣之非陸軍學生大半由其敎導，三十五年（光緒二十八年）學者日衆，他在東京牛進區西五軒町專爲中國學生創一校，名弘文學院，(3)專敎日語日文及普通學科，後特設師範科，修業年限由半年至三年，敎以敎育，心理，論理，敎授法，管理法等科。此外東亞同文會所設立之東亞同文書院與私立早稻田大學，亦均有特殊設施，專收中國學生。同文書院重普通科，早稻田於普通外並設優級師範科。光緒三十年以後各省學校之敎職員最大多數均係留日師範生，各地諮議局人員，多留日法政生。大半爲此等速成生也。

普通生者爲在日本受中小學補習教育之學生。此種學生或因年齡過幼而不能入師範，或因有志深造而受專門學校之預備教育，雖亦有中小學應有之課程，但主要科目均爲語言及文字。因當時對於留學生極力獎掖，資格又無限制，所以去者衆：光緒

(1) 光緒新法令卷十一。

(2) 出使日本大臣楊樞三十年正月奏陳兼管學務情形摺云：『現查各學校共有中國學生一千三百餘人，其中學文科者一千一百餘人，學武科者二百餘人。』（約章成案滙覽卷三十二下。）

(3) 宏文學院沿革概說云：『清國學生之來實日多一日，然而我國之學校皆爲本邦學生而設，從未有專爲清國學生所創設者，故此新來學生概少精通日語，而於攻學之途實多阻滯，嘉納深以爲缺憾，於是洞察清國情勢，三十五年於牛進區西五軒町創設一校，名曰宏文學院，以備招多數學生，先授日語日文及普通學科，是卽今日宏文學院之濫觴也。爾來東遊學生不問官費自費均來學於此，卒致今日之盛大焉。』

三十二年已八千，(1)三十三年達萬餘，但習速成與普通者佔最多數。(2)三十二年學部通咨各省限制留東學生資格；『凡欲入高等以上學校及各專門學校者必有中學以上畢業之程度，且通習彼國語文方爲及格，』『習速成科者或法政或師範必須中學與中文俱優，年在二十五歲以上於學界政界實有經驗者方爲及格，』(3)而中國留日學生敎育協會亦限制速成科學生。(4)自光緒三十三年與日本五校特約後，此項學生卽逐漸減少。

(1) 據明治三十九年大隈重信宏文學院講義錄序文。

(2) 光緒三十三年十一月三十日學部奏定日本官立高等學堂收容中國學生名額摺說：『……比年以來，臣等詳查在日本留學人數雖已逾萬，而習速成者居百分之六十，習普通者居百分之三十，中途退學輾轉無成者居百分之五六，入高等及高等專門者居百分之三四，入大學者僅百分之一。』（學部奏咨輯要）

(3) 光緒三十二年二月十九日學部選送游學限制辦法電（同上。）

(4) 該會約欵第三欵第四款說：『一、普通敎育速成科及名非速成而實則速成者皆暫成停止；一、普通科及師範科學年應延長三年以上畢業。

丙　陸軍生

拳匪之亂，中國受創最深，辛丑條約迫於勢之無可如何，忍辱簽定。但當時朝野上下固不曾自甘暴棄而亟思圖强：興學校，練新軍爲當時最重要之政務。辦理學校需材，故特派人習師範，練兵需材則派人習陸軍。光緒二十四年浙江即曾派學生四人習陸軍，(5)以後江鄂各省亦間有派遣，但未成爲正式政策。光緒三十年正月出使日本大臣楊樞奏陳兼管學務情形，盛稱日本陸軍之成效，主張多派學生前去，斯年四月練兵處據以奏定陸軍學生分班遊學章程十六條，中國始按年派遣大批學生至日本振武學校（士官學校之預備學校）士官學校。楊樞原摺說：

『奴才檮昧之見，以爲日本陸軍經營數十年，成效最著，中國似宜添派學生來東，專送入陸軍各學校，以期成就遠大，用濟時艱。曩者，日本陸軍諸將佐曾與前

(5)　明治四十年振武學校一覽沿革略（日文）

總監督汪大燮言及中國學生在陸軍各學校肄業者，係有陸軍大臣奏明日皇撥發庫欵，添建屋宇，加派委員教習，別給薪俸，使專理其事。第中國於此等學生時派時止，或多或少，頗難辦理，嗣後宜定額數，每歲或派二百人或百餘人，或兩次或一次，分班來東入校肄業，則屋宇俸薪，不爲虛設等語；近日諸將佐又以前言向奴才面述，具見彼國實有期望中國振興陸軍之意。考日本陸軍教育，係以忠君愛國，順服長官爲宗旨，并無侈言自由，與政府反對之弊。惟是學陸軍者，每歲所費較多於學文科者數倍，非自費生所能備辦，似宜以官費培植之，俾資造就。即如日本現在尚不惜鉅費，歲派成材數十人遊學歐美，其用心深遠，可爲借鑑。查管學大臣張百熙等近已奏派學生三十餘人來東，送入文科各學校肄業，惟當此列强環伺，我國孔棘，武科較文科更重，未可緩圖。雖各省督撫近亦有選派武學生來東肄業者，然爲數有限，恐不敷干城之選。應否飭下各省將軍督撫於世家宦族內遴選文武兼資之少年學生，添派來東，分定班數人數，送入陸軍各學校肄業，以廣將才而資錄用之處，出自聖裁。』(1)

光緒三十年四月練兵處奏定之章程十六條原文如下：

1、選派學生須分年派往，擬以四班爲一輪，每年選一班，每班一百名，至第四年四班送齊後，如須變通辦理，屆時另行核議。

2、選派學生各省須有定額，京旗、直隸、江蘇、湖北、四川、廣東各六名，奉天、山東、河南、安徽、江西、浙江、福建、湖南、雲南、各四名，山西、陝西、甘肅、廣西、貴州、各三名，江甯、杭州、福州、荆州、西安、甯夏、成都、廣州、綏遠、熱河、察哈爾、密雲、靑州、十三處駐防各一名，計共一百名爲第一班。以後三年均照第一年辦理，如各省旗有願多派者亦可，但不得倍於原派之數，以示限制而免紛歧。

3、凡已設武備學堂各省旗，其學生應在該學堂內選派，若未設學堂之處，則於文武世家子弟內選派，但須合以下所訂之格方准派往，如選不及額，卽由練兵處就近選派補足，以符定數。

(1)　約章成案匯覽卷三十二下。

4、所選學生必須身家清白體質强壯，聰明謹厚志趣向上並無暗疾嗜好，於中學已有根柢，武備各學已得門徑年在十八歲以上，二十二歲以下者爲合格。其未設武備學堂之處。於武事本未諳習，而經史時務之學必須優裕。選定後，由各省旗開具各生姓名，年籍，三代履歷，學詣品格與已習武備之生一併咨送練兵處考驗，合格者由練兵處彙送駐日大臣，轉送學校肄業，不合格者遣回。

5、選送學生須有定期，各省旗均應預計程途遠近咨送，務於每年七月初旬齊集練兵處以便考驗派往，於八月間到日，庶免暑假中虛耗時日之弊。

6、咨送各生應由練兵處選派一監督專司考查約束，即作爲駐日使署武隨員，歸本國駐日大臣節制。

7、第一輪學生共計四百名，其往返川資每名約需銀二百兩，常年經費每名每年約需銀三百兩，開辦第一年學生僅百名，以後額數逐年遞加，款亦遞增，計第一年共需銀四萬兩，第二年七萬兩，第三年十萬兩，第四年十三萬兩，第五年又減爲十萬兩。以後每班畢業生逐漸回國，費即遞減。如有資質超異，學業精勤，能考入陸軍大學校及各專門學校者，尙須加給經費，應需若干，臨時籌濟。

8、學生川資學費由練兵處等五成，餘五成由各該省旗籌備，須指定專款，以免貽誤。其款定於每年七月前解交練兵處彙付駐日大臣轉交各學校及陸續支付各生。

9、學生用費各省旗選派若干名者，第一年卽按若干名額應攤之費解交，以後第二三四五等年，按數遞爲增減。其留入大學校及各專門學校者另計。至各旗中如有實在欵項支絀，萬無可籌者，則統由練兵處發給，惟各生治裝費來京川費，及不合格者遣回川資，均由本省本旗發給。

10、各生除學費外，每名月給雜費銀五圓，按月親赴練兵處所派之駐日監督寓所支領，其有考入大學校及各專門學校者，由練兵處酌量加增，如隨隊習旅行野操及秋後大操一切費用則由駐日大臣督同監督臨時酌定，咨明練兵處發給。

11、學習兵事，專爲國家振武之用，自應由官遣派，不得私自往學，其有現時業經在日習武之自費生，應由駐日大臣及監督察其志趣向上，學業精勤，年限未滿者，隨時咨明練兵處，貼給旅費，改爲官費生，以資造就。自此次定章後，凡赴日學習武備之自費生，卽行禁止，以歸一律。

12、駐日大臣有督察學生之權，須隨時悉心考校各學生之品行學業，按年督同監督，造册咨送練兵處，以備查核。

13、此次咨送學生及以前公私費各學生，倘有隳行廢學者，由駐日大臣隨時儆斥，如仍不知改，卽聲叙該生行徑，咨回練兵處懲辦，並追繳官發歷年經費，其有實係才力不及，難望有成者，亦隨時咨由練兵處遣回原籍，免其繳費。

14、查日本振武學校專爲中國學生而設，其間規模教育如有未盡美備事宜，應由駐日大臣商同日本在事各官酌量修改，如有應需零星款項，亦由駐日大臣咨由練兵處籌給，並由駐日大臣商訂中國學生充見習士官後入大學校及各專門學校章程。

15、振武學校教習應由中國籌給津貼，其餘各學校教習，應於每班學生畢業後由中國給予優獎，其津貼數目及獎勵規條應由駐日大臣與日本在事各官商酌辦理。

I6、學生在日本士官學校畢業充見習士官期滿，除考入大學校及各專門學校外，其餘回國由練兵處就其歷年所學一一考試。最優者奏請授職守備，次者授千總，次者授把總。此項武職卽作爲該學生等出身，開寫履歷，均按授職之年係以某某年守備千把出身字樣，俾與保獎武職示有區別。如該學生本有官階，卽照其原有之官晉一秩，若係文職亦照原品晉一秩，入營帶隊以相當之武職借補，而其出身仍均係以守備千把等職。其由大學校及各專門學校畢業回國者，則比照此例，分別加升。其應考各員授職後，卽分別咨回各本省以營隊官及陸軍學堂教習酌量錄用。(1)

此規程發佈以後，各省旗卽照着辦理。當時派遣去日學習陸軍之學生，首入振武

(1) 游學成案滙覽卷三十二上

學校補習，畢業後入士官學校。明治三十一年（光緒二十四年），浙江派官費生四名去日習陸軍，由日本陸軍部委托成城學校設施預備教育，監理委員長爲陸軍中將福島安正。三十年（光緒二十九年）學生漸多六十九名，由成城學校教授藤井及小山兩步兵少佐爲委員，專辦訓練中國陸軍學生，改爲振武學校。三十七年（光緒三十年）十月，練兵處首選學生百名去該校。修業期限最初爲十五個月以上，明治三十八年八月改爲十八個月以上，三十九年五月改爲三年。課程分普通學與軍事學兩種：普通學爲日本語文、歷史、地理、數學、物理、化學、博物、圖畫八科，軍事學爲徒手教練、鎗械教練、部隊教練、測量及戰術等。主持校務者爲福島安正、尾野實信（步兵中佐）、三原辰次（步兵少佐）等。成城時代之學生，公費自費各半，以後官費生漸多，明治三十七年後已無自費生，(1)明治四十年學生達三百三十名。此校設立之目的，原爲士官學校施預備教育，而校規又極嚴厲，(2)足符楊樞『忠君愛國，順服長官』之稱譽，故中國陸軍生之去日者均托其教育。卒業於成城及該校者，計明治三十三年（光緒二十六年）三十九名，三十四年二十二名，三十五年七名，三十六年八十九名，三十七年四十九名，三十八年百二十一名，三十九年（光緒三十二年）二百〇二名，總計已五百二十九名。

(3) 明治四十年在校之三百三十名亦陸續畢業，而畢業該校者最大多數入士官學校。二十年來中國軍界之重要人物底姓名，幾十之九可以從明治四十年振武學校一覽之學生名册中查出，其影響於中國軍政者可謂大矣。

(1) 光緒二十九年以前去日習陸軍者公私費均有，二十九年外務部劄駐日遊學生監督禁止私費生入士官學校，便無私費生。

(2) 振武學校學生入校須塡誓約，誓文七條如下：

一宜照規專攻學術，決勿稍惑世論干涉政事；一宜以順上爲要道，常克遵守紀律以昭敬順；一宜常養耐勞忍苦之性以期緩急並克勝任；一宜尙威重起居有節，進退有度。衣帽必整，儀容必肅，凡浮靡惰慢之習一切力袪以重體面；一本校所有功課卽爲軍學之門，均應一意講求，勿敢私議功課輕重；一闔校學生均是同國之士，自應敦睦厚誼，互相規勸，庶不致乖切偲輔仁之道；一凡方有遇本校將校敎官職員等官，無論何處，均當照式起行敬禮。

(3) 本段根據明治四十年四月振學學校一覽摘譯而成，誓約七條並見該書。

丁　特約生

自光緒二十九年以後，去日學生多除習速成師範及法政者大半爲普通生。三十二年六月留日學生已達至二三千入，入習速成者佔最多數，已足以應急需，故學部通令各省無官費，私費，師範，政法速成生一律停派。而普通教育去日學習既不經濟，卽在日畢業者亦因專門學校之學額的限制而不能入學。光緒三十三年留日學生普通畢業願入該國官立高等以上學校者有二千人以上，勢不能不設法收容。於是由出使大臣與日本文部省（敎育部）商定自光緒三十四年起十五年內第一高等，東京高師，東京商工，山口高商，千葉醫專五校每校，共收中國學生一百六十五人，經費由各省分解，直至大學爲止，此爲政府使留日學生研求高等學問之始。當時學部擬訂章程九條，奉旨照准施行。此九條章程爲留日特約生之根本，除各省分年攤認經費數繁而寡要外，餘照原文分錄於下：

1、由出使日本大臣與日本文部省約定以光緒三十四年爲始，十五年之內，每年東京第一高等學校收容中國學生六十五人，東京高等師範學校收容中國學生二十五人，東京高等工業學校收容中國學生四十人，山口高等商業學校收容中國學生二十五人，千葉醫學專門學校收容中國學生十人，均由中國給以補助費。

1、此項學生由公使擇取品行端正，漢文通順，普通學已畢業之人，送交各該學校行競爭試驗，拔其學力最深程度與日本學生相等者，以充其選。入選者不拘省分，不待補額，即行給以官費，以資鼓勵。

1、此項學生之補助費及學費，每名平均每年日幣六百五十元；入第一高等者應併將來入大學之學費計算，約計以八年畢業，入專門學校者約計以四年畢業，應於二十二年內，由各省分任此項經費，以期易於集事。

1、直隸、奉天、山東、河南、江蘇、江西、安徽、浙江、福建、湖北、湖南、廣東、四川、等大省分，每省分任每年添學額九名之經費，吉林、黑龍江、山西、陝西、甘肅、新疆、廣西、貴州、雲南、等小省，每省分任每年添學額六名之經費。

1、此項經費由各省按所定之數分四季滙交出使大臣，隨時支用，每年由出使大臣造詳細報銷，咨報學部查核。
一、各省既認解此費以後，應卽停派各項官費學生，又各省官費缺出，概不補入一節，應照上次奏定管理章程切實施行，以紓財力。惟已考入官立大學及官立高等專門者改給官費一節，係與此章程並行不悖，應照舊辦理。
一、此兩年內在日本預備普通畢業者甚多，儘敷各高等學校考選新生之額，但兩年以後應由各省續派中學畢業生前往日本應考入各學校之預科，以備將來入各學校考選新生取材之所。惟該生等肄業預科之際，應令自籌學費，至入高等後，始改給官費。
一、以上各校之官費學生，既由競爭試驗而得，則所取名額，斷難畫分省界各省均勻。惟其學費補助費既爲各省所攤派，則此項學生畢業後，宜分歸各省効力義務，不准他省奏調，以昭平允。應於每年畢業之前，由出使日本大臣將本年畢業學生，咨送學部，按各省認解經費之多少，將畢業學生如數分配。凡本省之人先儘本省任用，如有餘則籤分鄰省，鄰省有餘，更分籤較遠之省。如該學生有親老等情，確實不能赴遠省者，應於未掣籤之前呈明，既掣籤後，不得更改，並不得由他處奏調。

1、義務年限之久暫，應以給發官費之年限而定。凡曾領官費若干年者，即應盡義務若干年，在義務年限內，仍應給予薪金。惟其薪金應比尋常聘用之員爲略減，而每年減少之數，即照其游學時所給官費之數扣除。

當光緒三十三年出使日本大臣與日本文部省約定五校年收中國學生一百六十五人，原係鑒於在日習普通者衆，熟知國內學校逐漸發達，去日習普通者亦漸減少。自光緒三十四年至宣統二年，五校已收中國學生四百六十餘人，但據游學日本監督調查，在日習普通者日少，預計兩年後即有不敷高等五校考選新生名額之虞，而國內中學之外國語又以英語爲本位，畢業生去日對於日文日語仍須從新預備，又不經濟，於是學部於宣統三年六月奏請在京設立日本高等五校預備學堂，收中學畢業生補習日語日文三學期，遣往日本與在日學生同受五校競爭試驗。惟未幾革命事起，此事亦擱置不曾實現。民國成立，五校特約仍繼續有效，惟各省經費不能按時攤付，甚且數年不寄一文，雖曾由中央貼付若干，但終不足額，至現在則期限已滿，更無一定拘束了。

附日本文部省中日間之教育設施

此文爲日本文部省編輯：學制五十年史附錄之一。該書由傳代言譯登新教部雜說，此文雖甚簡單但叙中國留學日本之歷史很有系統，故錄之。文見新教育第十卷第一期。

明治二十七八年戰役之後，我國之實力被偏知於海外。同時東洋諸國人之留學於我國者，亦年益增多。中國留學生來航之初；每因便利而入帝國大學之直轄諸學校，及公私立之學校。逮其數更增多，政府對之感有相當設施之必要，卽民間亦有注意於特別之設施者。文部省於明治三十三年七月四日，設『關於文部省直轄學校外國委託生之規程』，以爲外國留學生之便利。且於研究之結果，三十四年十一月廢止此章程，制定『文部省直轄學校外國人特別入學規程』。又於三十八年定關於使淸國人入學公私立學校之規程，而更與中國留學生以便利。其施設於民間者，如私立成城學校，私立振武學校，乃爲入學於陸軍幼年學校及士官學校入學者之預備教育。明治三十五年時，嘉納治五郎所設之宏文學院，及如東亞同文會所立之東亞同文書院，乃授以普通學。他如私立早稻田大學，私立法政大校等，皆各爲特殊之施設。此外以收容中國留學生爲目的之私立學校頗多。

中國留學生最多數時，爲自明治三十五年頃起，至四十一年頃止。在明治三十九年時，其數實超過七千人。其後每年爲數漸減。但至四十二年尚不下五千人。然至四十五年，其數乃減千四百人。蓋因當時清朝有革命之變，有多數之歸國者。近來留學生雖有多少之增加，然不如前時之盛。其原由乃由中國本國教育機關漸臻發達，普通教育自不待言，卽至某程度之專門學校教育，亦漸得於本國受之，故前記之普通諸學校之數因之減少，繼續經營之者亦極少。反之，凡爲中國留學生之將來欲入帝國大學者特設高等第一學校預科，施一年半之教育，（最初一年半）卒業後配置之於各高等學校，而開與內地人共學以進入帝國大學之途：直至今日猶如此。又東京高等師範學校，東京高等工業學校，東京高等商業學校，千葉醫學專門學校，亦年年竭力以圖容收人員之增加。且文部省關於此等留學生應當注意教育上之事項，亦時常發通牒於直轄學校長地方長官等，以期其教育施設之萬無遺憾焉。

從來中國官費留學生，依同國政府之委託，以入學於爲本省直轄學校之經費，而從同國政府以受取養成費。但大正九年四月將此廢之，而將關於此之經費由國庫支出之，且改爲僅使留學生納付學校所定之學費授業科及入學科與中國政府以對此負擔輕減之便宜。又因中國留學生在本邦所最感困難之點者，在於無適當宿所之設備，政府經議會之協贊，於大正十年度交付十五萬元於日華學會，以助其中國學生寄宿舍之經營焉。

據大正十一年五月末日之調查，中國留學生在大學及其直轄學校七十三校中，有五十校收容中國學生。其中東京帝國大學有百二十七人，東京高等師學校有百五十八人，東京高等工業學校有百七十四人之多；學生總數爲一千一百七十五人。且於公私立之諸學校，亦收容有一千零七十一人之留學生焉。

第七章　庚子賠款與留美

庚子拳匪之亂，致召八國聯軍入京，光緒二十七年七月二十五日奕劻，李鴻章與各國議和專使簽訂辛丑和約十二項，允付諸國償款四百五十兆兩，受款者共十四國，計俄、德、法、英、日、美、意、比、奧、和蘭、西班牙、挪威、瑞典。以俄國爲最多，佔百分之二十八強，德佔二十强，法十五强，英十一强，日美七强，意五强，比一强，其餘各國均不及百分之一。此欵於一九〇二年（光緒二十八年）起分三十九年償完，清政府使各省分攤。一九〇八年（光緒三十八年）五月二十五日，美國國會通過以一部分之賠款退還中國之議案，咨請大總統酌定以何時與何種情形交還中國。是年十二月二十八日，美大總統令，除扣去實應賠償之欵外，均行退還，遂由庫藏部詳核決定。中國實應賠償之數，爲一千三百六十五萬五千四百九十二美金六九〇另保留二百萬美金爲或有未經查出應償之欵之用。此外悉數退還。乃訂定每年應還應交兩項款額，分列如下：

（甲）每年退還款額：

一九〇九年至一九一〇年每年四八三〇九四美金九〇；

一九一一年至一九一四年每年五四一一九八美金七八；
一九一五年七二四九九三美金四二；
一九一六年至一九一八年每年七九〇一九六美金；
一九一九年七九〇一九五美金九九；
一九二〇年七九〇一九六美金；
一九二一年至一九二三年每年七九〇一九五美金九九；
一九二四年七九〇一九六美金；
一九二五年七九〇一九五美金九九；
一九二六年七九〇一九六美金；
一九二七年七九〇一九五美金九九；
一九二八年七九〇一九六美金；
一九二九年七九〇一九五美金九九；
一九三〇年七九〇一九六美金；

一九三一年七九〇一九五美金九九；
一九三二年一三八〇三七八美金三五；
一九三三年至一九三四年每年二三八〇三七八美金三四；
一九三五年一三八〇三七八美金三五；
一九三六年至一九三七年每年一三八〇三七八美金三三。（據北京財政部公債司所編表）

各國賠款展期交付本息表

一九三八年一三八〇三七八美金三五；
一九三九年一三八〇三七八美金三四；
一九四〇年一三八〇三七八美金三六。

其保留之二百萬美金，續經查明應扣付八十三萬八千一百四十美金三六外，其餘均仍交還中國。(1)

(1) 以上摘錄袁希濤：庚子賠款退還之實際與希望（教育與人生五十二期）

此欵經美國國會議决退還後，中國外務部卽與駐京美使商定派遣遊美學生辦法，詳情見宣統元年五月二十三日外務部學部會奏遣派學生赴美留學摺中。嗣後淸華學校之成立與其隸屬於外交部及限制赴美學生學習科目等等，均由此奏摺發端。此摺在歷史上的影響很大，茲錄其全文如下：

『竊查光緒三十四年六月二十二日外務部奏稱美國減收賠款，經與駐京美使商定，自撥還賠款之年起，初四年每年遣派學生約一百名赴美遊學，自第五年起，每年至少續派五十名。其挑選學生及到美安插送學等事，俟商定章程，另行知照美政府贊襄一切。彼此互換照會聲明以爲議定之據等語。此項賠欵，業於宣統元年正月起，按照議定減收數目逐月攤還，在彼旣已實行，則選派學生一事，在我自應舉辦，以昭大信。惟是此次派遣遊學，非第酬答與國之情，實兼推廣育材之計，造端必期宏大，始足動寰宇之觀瞻，規畫必極精詳，庶可收樹人之功效。臣等公同商酌，擬在京師設立遊美學務處，由外部學部派員管理，綜司考選學生遣送出洋調查稽核一切事宜，並附設肄業館一所，選取學生入館試驗，擇其學行優美，資性純篤者，隨時送往美國肄業，以十分之八習農工商礦等科，以十分之二習法政理財師範諸學。所有在美收支學費，稽察功課，約束生徒，照料起居事務，極爲繁重，擬專派監督辦理。至於學生名額，自應按照各省賠款數目，分勻攤給，以示平允。其滿洲蒙古漢軍旗籍，以及東三省內外蒙古西藏，亦應酌給名額，以照公溥。」

辦理大綱共計五則如下：

1、設遊美學務處。由外務部學部會派辦事人員，專司考選學生，管理肄業館遣送學生，及與駐美監督通信等事；並與美國公使所派人員商榷一切。

1、設肄業館。在京城外擇清曠地方建肄業館一所，（約容學生三百名，其中辦事室講舍書庫操場教習學生等居室均備）延美國高等初級各科教習。所有辦法，均照美國學堂，以便學生熟悉課程，到美入學可無扞格。此館專爲已經選取各省學生暫留學習，以便考察品學而設。（詳細章程另訂。）

1、考選學生各條。所取學生擬分兩格；第一格年在二十以下，國文通達，英文及科學程度可入美國大學或專門學；第二格年在十五以下，國文通達，資稟特異。以上二項，均須身體强壯，性情純正，相貌完全，身家清白，始爲合格。每年擬取第一格學生一百名，除由外務部在京招考外，並分咨各省提學使在各該省招考錄取合格學生，不拘額數，咨送外務部學部覆考選取實在合格者，送入肄業館學習或數月或一年，再行由館甄別，擬取第二格學生二百名，凡二十二行省民籍，滿、蒙、漢、旗人，及內外蒙古西藏等處，參照省分大小，賠款多寡，以及有無賠款，斟酌損益，定爲額數，由學部行知各省提學使，各按單開定額選取送京入肄業館學習，或數月或一年，再行由館甄別，辦法係將考試分數及平日分數合計。甄別之後，於兩格學生內各選五十名，送赴美國留學，其不入選之生，仍留館肄業，所有各省提學使咨送入館之第二格學生，如查有年歲不符，及學行不純者，咨回本省。其往來川費，責令該提學使賠繳。本年應派學生，爲時已迫，擬電行各省選取合格學生各若干名，剋期送部考試，擇尤送往美國，仍一面在京招考派送。

I、津貼在美國自費生經費。如有盈餘，每生約撥若干爲獎賞自費生之用，至多者每年約五百美金。此項學生須由駐美出使大臣或部派駐美留學監督查照，確係在大學正班肄習實業已入第二年班以上，功課實有成績，景況實在困苦者，方爲合格。至於獎金多少，亦按照景況功課酌定。

1、專設駐美監督，在美學生人數衆多，安置學校，照料起居，稽查功課，收支學費等事，自必異常繁重，應設監督管理，選品學才望足資矜式之員派作駐美學生監督，准其調用漢洋文書記支應員各一人幇同辦理。(1)

現在美國式的清華學校課程卽完全建築於第二條之上，各省定額，公額及補助自費生則建築於第三第四條之上。

清華學校成立於一九一一年（宣統三年），而美國退還庚款則始於一九〇九年，故在清華未成立及未有畢業生以前，於一九〇九年八月，一九一〇年七月，一九一一年七月舉行三次甄別試驗，所考之科目皆准當時中學畢業入大學所需之程度。此三年考取之人數，計第一年四十七人，第二年七十人，第三年六十二人。以後繼續派送該校學生至一九二四年已達六百八十九人，(1)此六百八十九人除清華本校生外，尙有專科生及女生，其選派之重要規程如下：

甲、選派學生赴美遊學章程

第一條資格　清華學校選派游美之學生，以本校三育俱優之畢業生及由本校臨時考取之專科生與女學生爲合格。

第三條遊學年期　（一）在本校畢業之學生定游學五年，其臨時考取之學生，由本校分別酌定。（二）學生如有於所定年期內畢業，而有特殊成績，或學生專習醫科法科不及於所定年期內畢業，如欲展長年期者，應於六個月以前將最近成績寄呈監督處，並請該校教務長或教員逕函監督處證明以憑核辦。

---

(1) 歷年人數如下：一九一二年十六人，一九一三年四十三人，一九一四年三十四人，一九一五年四十一人，一九一六年三十二人，一九一七年三十五人，一九一八年六十七人，一九一九年六十二人，一九二〇年七十九人，一九二一年四十六人，一九二一年派定一九二二年到美三十八人，一九二二年六十三人，一九二三年八十一人，一九二四年六十人？（常道直：留美學生狀況與今後之留學政策，中華教育界十五卷第九期）。

第四條學校與學科　（一）學生所入學校及所習學科由清華校長與各學生接洽選定後，學生不得擅自更改，違者停止月費及各項用費。（二）學生入校後如實有不得已情形必須改科者應有該科二人以上之教員具函聲明理由，於陽歷二月底以前，由該生一倂函請監督處轉商本校核辦。（三）學生入校如實有不得已情形必須改校者，應於陽歷二月底以前函請監督處轉商本校核辦。（四）如未滿遊學年期已經畢業而欲繼習本科或更習他科或更入他校者，應於陽歷二月底以前函請監督處轉商本校核辦。

該校民國十年訂定之專科生資格及年齡如下：

（甲）　本校此次招考礦科、電科、機械科、土木工程科、農科、林科學生共取十名，凡屬民國國籍年在二十八歲以內曾在國內外上述各科專門學校畢業能入美國大學研究院進求高深學問者均可報考。

（乙）　試驗之及格與否視考生所習之成績與此次應試之分數比較酌定。

（丙）　學生到美後，應卽入先時認定之大學進修各該專科，不得中途改換學校與課程。

（丁）留學年限定爲三年，如欲展長，必須有特殊成績或他種充分理由，方得呈請監督處轉函本校校長核辦。

津貼自費生之重要規程如下：

第一條　宗旨　津貼之設，所以體恤寒畯，獎勵遊學，使在美自費生之有志上進而無力卒學者，得以學成致用。

第二條　資格　津貼在美自費生，以品行純正，學業優美，家境貧寒；並須在美國大學第二年本科肄業者爲合格。

第三條　名額　暫定五十名爲限。

第四條　金數與發款　每名每年美金四百八十元，由駐美監督處照下開手續按月發給，不得預支。

第五條　年限　津貼年限，每次以一年爲度，至多者不得逾三次。

此外還有考選校外女生，其重要規程如下：

（一）資格及年齡　本校此次招考女學生十人咨送美國留學，以體質健全，品行端淑，天足且未訂婚，年在二十三歲以內，國學至少有中學畢業程度，英文及科學能直入美國大學校肄業者爲合格。

（二）留學須知　(1)錄取各生，須於下列學科中任擇一科爲進美校研究之專科。擇定後，不得擅改。（應選學科爲一、教育，二、幼稚園專科，三、體育，四、家政，五、醫科，六、博物，七、物理，八、化學）。(2)留學年限定爲四年，如欲展長，必須有特殊成績或他種充分理由，方得呈請監督處轉函本校校長核辦。(1)

專科生係按年選，女生間年選派，均定額十名。女生自一九一四年起，一九二〇年因該校畢業生特多，並停送一屆，自一九一四年至一九二三年共只四十三人，專科生始於一九一六年，一九二〇年亦停送，至一九二三年共四十七人，(2)津貼自費生總數未詳，據一九二四——一九二五年之清華同學錄所載，此項學生（名半費生，每月只津貼美金四十元。）共有五十二人。清華原規定百分之八十習理科，百分之二十習文科，但據近年學生選科之實際統計則二者約略相等，(3)此亦爲我們所當注意者。

清華成立以後，赴美官費生日多，因爲人多回國後在社會上勢力亦大之故，私費生也隨之增加。據民國十三年留美學生錄所載，計一千六百三十七人之中，有私費生一千〇七十五人。就其總數言，反超過留歐學生。但同年二月美國工部發表移民律限制亞洲學生入境極嚴。其解釋學生原文說：

『按一九二四年合衆國聯邦政府公布之移民法案第四條第五項之規定，凡亞洲各國學生年滿十五歲以上，具有插入北美合衆國有名學校之資格，且業經本部特許收留亞洲學生之學校之一，准其入校習一相當學科而呈請暫時入

(1) 清華一覽

(2) 據常道直統計清華女生一九一四年十八，一九一六年十八，一九一八年八人，一九二一年十人，一九二三年五人，共四十三人；專科生一九一六年十八，一九一七年七人，一九一八年七人，一九一九年八人，一九二一年十八，一九二三年五人。

(3) 亦常君所統計，均見留美學生狀況與今後之留學政策（敎育界十五卷七期。

境以達其唯一求學之目的者，始得確稱爲學生。」

中國學生入境手續有下列三項之規定：

1、凡學生之欲入境者，須有一八八二年美國上議院增修華工條例第六條規定之護照一紙。2、庚子賠款所津貼之學生須領有曾經美國公使館簽字之護照一紙，但無須請特許護照。3、凡學生之欲入境者，年齡須在十五歲以上，確爲求學而來，並已經本部（美國工部）特殊收留入境學生之學校之一准其插班受課者。除第六條法定之護照一紙外，須領有一駐華美領事所頒給之特許入境護照始得有入境之資格。(1)

學生於未到美國以前，卽欲求得該國學校之允許，事實上本難辦到，而所謂工部允許收留亞洲學生之學校又是些重要的學校，待遇未免太苛。所以教育部於八月十八日竟憤而咨請各省停送美國學生。此咨不獨憤美國移民律之苛刻，且暴示美國留

(1) 中華教育界十四卷三期限制留學生之美國移民律

學生之弊端及國人赴美踴躍之情形，很值得我們注意。茲錄其原文如下：

本部前據留美學生監督電陳美國待遇官費生嚴苛，擬停派留美學生，業經咨達在案。查近年來自費生赴美者絡繹不絕。計去年一年間，赴美者一百七十六人，赴斐律賓者二人，赴德者六十二人，赴法者三十七人，赴比者二人。本年上半年六個月間，赴美者九十人，赴檀香山者一人，赴斐律賓者二人，赴坎拿大者二人，赴德者二人，赴法者二十人，赴英者三人。合計十八個月間，赴美自費生約佔赴歐美自費生全數百分之六十七。本部查考自費生多赴美留學之原因，緣入美國學校甚易，且可以國內學年資格插班聽講，不及二三年而取得畢業資格歸國者甚多，所以自費生趨之若鶩。其間專心求學者固不乏人，但貪得學位，不重學業者，亦在所難免。甚至濡染西風，襲用西人名姓，於呈驗文憑時，考核甚難。茲姑就本部調查所及而言，即使美國學術優於他國，亦當限制留學人數，勿使人數過多，潛植一國之精神勢力。本部正擬取締辦法，適値美國有限制之舉，亟宜曲突徙薪，藉淸本源，而免流弊。所有各省留美官費缺額，從本年起，即請改作留他國名額。至各省欠解

留美學款，應從速補寄。(1)

美國移民律後因日人之反抗，特暫准學生入境，教部底通咨也從而取消，這雖然在事實上未發生什麼效力，但在留學史中却是一種特殊的事情，故一併述及。

(1) 中華教育界十四卷三期。

第八章　勤工儉學與留法

勤工儉學在民國八九年間始盛爲國人注意，但其起源則在民國元年。與勤工儉學最有關係的組織有三：卽留法儉學會，勤工儉學會，與華法教育會。此三機關又以留法儉學會爲根本之根本，茲先述之。

儉學會之歷史　民國元年，吳稚暉、汪精衛、李石曾、張浦泉、張靜江、褚民誼、齊竺山、諸君發起留法儉學會，並設預備學校於北京。齊如山、吳山、諸君擔任校中之組織，法文學家鐸爾孟君擔任教授。其時蔡孑民君爲教育總長，力爲提倡，並由部中假以校舍，在方家胡同舊師範學校。無何朱芾煌、吳玉章、沈輿白、黃復生、趙鐵橋、劉天佐、諸君發起四川儉學會，設預備學校於少城濟川公學。吳稚暉、俞仲還、陳仲英、張靜江、諸君發起上海留英儉學會，並附留法儉學會招待所。民國二年，李石曾君與法校梅明君組織留法預備班，至今猶存。當二次革命時，儉學會頗爲專制政府所嫉視，北京預備學校舍爲教育部收回，遂移之於皮庫營四川學館，政府仍多方巡察，以致全體解散。民國六年，華林君自法歸，抱擴充儉學會之志願，適值馬景融君創設民國大學於京都，遂由華馬二君與蔡公時、夏雷、白玉璘、江季子、時明荇、劉鼎生、羅偉章、諸君重組北京留法儉學會預備學校。

儉學會之性質　儉學會乃一自由傳達之機關，而非章程嚴密之組織，於義務能者爲之，無會長等名目。經濟由同志籌集，入會者無納費之必須。凡欲自費留學每年至少籌五六百元者，皆得爲本會之同志。會之對於會員既不助資，亦不索償，惟以言論或通信指導旅行，介紹學校之義務而已。其緣起如下：

改良社會，首重教育，欲輸世界文明於國內，必以留學泰西爲要圖。惟西國學費素稱浩大，其事至難普及，曾經同志籌思，擬興苦學之風，廣闢留歐學界。今共和初立，欲造成新社會，新國民，更非留學莫濟，而尤以民氣先進之國爲最宜。茲由同志組織留法儉學會以興尙儉樂學之風，而助其事之實行也。又如女學之進化，家庭之改良，與社會關係尤切，而尤非留學莫濟，故同時組織女子儉學會與居家儉學會。(1)

儉學會成立之後，因李石曾、吳稚暉、等之竭力提倡，自民國元年至二年一年之間入會入校而赴法者不下八十餘人，其他抱儉學宗旨或留學或家居自由滙集者亦四十餘人。民國三年，蔡元培、汪精衞、李石曾、等以工人中之有求學者，因轉移其方法，以學生作工，工餘之暇，工資所得，郎以求學；至民國四年六月組織勤工儉學會，以勤於作工，儉以求學爲目的。後以歐戰中止進行。民國五年歐戰正劇，法之壯丁須赴前敵應戰，國內無人工作，而中國爾時爲中立國，法政府特向中國招致華工，李石曾與之訂立條件代爲招募。(2)歐戰終了，法國人口銳減，國內工廠欲恢復原狀，工人不敷分配，華工勤勞，

(1)　新青年三卷二號

又為法人信賴，故稍有工作能力者均可在法謀生，李等更倡工作一年讀書兩年之說，一面在國內設立預備學校，一面與法人共同組織華法教育會謀學生出國與謀工之便利；加以華林於民國六年回國，極力鼓吹各縣籌縣費遣派學生，(3)故留法勤工儉學幾為舉國公認之惟一要圖，自總統至學者莫不竭力提倡，即法人亦特別歡迎。(4)民國

(2)　去年（民國五年）春間，法政府有招致華工之計畫，先由陸軍部派人赴北京辦理，與交通部商議，在北京設一招工局，先招五千人。其所訂合同，大略工價則小工每日一佛郎，瓦工一佛郎半，鐵工二佛郎半，川費及食宿在外，訂約五年。如未滿五年而停工，則罰繳川費六百佛郎。而北京招工局每招一人約領酬金一百佛郎。其時在巴黎之招工局又與留法儉學會書記李石曾商議，擬由儉學會招致。李提出要求條件：(1)工價與法人平等，(2)所招之工須選其有知識而無惡習者，(3)招工之人不經手川費與工價，(4)須設工人教育。其後即照此大綱訂立合同，由李廣安親詣雲南廣西等省招致。所招工人皆托各省勸學所職員及小學校教員，於各鄉村募集之。八九兩月華工到法約五千人，在馬賽登岸分赴各處。（法國招致華工，東方雜誌十四卷二號）

(3) 華林曾發長文一篇並擬縣費生約章六條，載東方雜誌十四卷九號。

(4) 沈宜甲報告留法勤工儉學情形文中說：『本會自民國四年蔡元培、汪精衛、李石曾、及其他之留法諸君，以工人中之有求學者，因轉移其方法，以學生作工，工餘之暇，工資所得，卽以求學。後以歐戰中止進行。此次戰事了後，李石老卽一面在京津保定、長辛店等處，設立留法勤工儉學會預備學校十餘所，一方又提前送人來法。自此事發起後，各界影響極大，每日報名入學者應接不暇，以湖南爲最多，幾佔全數之半。而各省當道及各地名人皆極力提倡：如湖南則有熊秉三、楊懷中、及該省教育所帮理一切，且聞已設華法教育分會，而學生之來法者，又多給以津貼，鼓舞其志氣，此其所以人數爲各省之冠也。直隸方面則本會根據地，其發達情形自不待言。前次開中法協進會時，上自總統及各部總次長，段督辦、李長泰、等皆捐鉅款?且曹督軍對於保定之預備學校除捐款兩萬元外，再捐機器三座，……此外最與本會關係密切者爲僑工局局長張岱彬先生，凡本會一切進行，無不受其補助；且此次竟貸旅費與預備學校卒業生來法，更屬異數。山東方面，則該省有國會議員王訥等組織華法教育分會外，該省省議會、教育廳更發給學生每名四百元之旅費，並以後常年津貼數百元；且各該生縣中又發給常年津貼數百元。山西方面則有精勵圖治之閻錫山省長，自聞留法勤工儉學會之發起，卽立派學生九十一人至北京預備，其費用則由省縣分擔，此外更提先派遣學生來法，近已到二三十人……四川方面則除該省前辦有預備學校外，此次熊督軍以數萬元送第一次留法學生六十餘人來法，以後並常年如期由預備學校畢業後卽以公費送來。至於來法找工廠之事，則並不必經華法教育會其成都法領事則電致法工部，工部卽分配各廠學習，如此次來法之六十餘人，不一星期已全數入廠矣。……當生等第一次來法時，今法總理克理滿梭所辦之人道報且大登其歡迎詞，謂此班學生爲交換中法文明者云。同學之入學校及工廠者，其待遇皆優於本國人；且有蒙達耳一校，更將中國國旗大懸特懸以爲榮耀，各校並爲中國人特開班次，特設住所……』（安徽教育月刊第二十四期）

八年底去法者已百五十餘人，在途者六十餘人。到法入工廠者佔三分之二。民國九年上年勤工生在法者已千餘人，斯年八月三日並成立留法勤工儉學學生會，分工作、書報、講演、消息、會務五部辦事。當時法國需工人甚多，學生之有工作能力者，大概有事可作，工資亦可於維持生活外稍能儲蓄以備讀書之用。此事沈宜甲報告學生入廠工作情形中證之。他說：

『法國當大戰之後，死傷三百萬，其人荒之象，自不必言。故西班牙人在法者有三百萬，而其中三之一，卽爲工作者。我中國來幾千萬數學生，不過如牛之一毛，何憂其無位置。然所愁者，卽在學生既無體力，又無技藝，故雖此間位置極多，工廠向會中要人，而反無人能去。此固自取之道，非人之不肯用也。……此間同學來者共有四百人之譜，前後不下十餘次，以湖南爲最多，四川直隸等次之。……到法後，有入學者；有入學數日補習法文而又轉入工廠者；有直接入廠者，其所入之廠分佈全法，爲數數十，不能詳知。然大都分爲造船、機械、膠皮、礦冶、傢具、汽車、發動機、電動機、等工廠。其工資不一律，然總不出十五佛郎範圍。其故有數：法廠通例，凡有技藝者，無論何國人，其工資絕無在十五佛郎以下，如我國工匠之在飛機廠作工者，有一日二三四十佛郎之工資。……凡入廠者，十之九皆蒙特別優待……有專爲預備住所及廚房者，有借地種植者，有專門派人歡迎者。有一農場一次容百人，且非中國人不可。更有一廠與李石曾交涉，謂中生如能以六月在法依其指導預備法文及工藝，則該廠可指導介紹學習一切工藝，且其自身卽可用千人。……以後各廠來信索人者，有一日二十封信之多，而會中一以人數太少，難以應付，二以多無技能，又難稱職，故皆辭卻。遲之又久，只好尋若干半工半學之工廠，又無技師之工作分配諸生。故今日找工作乃極易事惜無能工作之人耳。但入廠後……除一二處因特別關係外，其餘通信與會中無一不稱中生工作之滿意，……有一廠竟要求加五十人之多，且有因故換廠而原廠堅留不准去，此又中國人善於用手之天性有以成之也。故今日無論何廠其初莫不以三人爲試驗，試驗後無一廠不加人，從未有因試驗不佳而被除者。故雖以今日無技藝者之多，會中尙可勉爲設法也。廠中工作每日俱八小時，無有過此數者。且大多同學於工餘之暇另請敎員敎授法文，計每日除工作之外，尙可讀三四小時之書；亦有廠中代請敎員敎授法文、機械、圖畫等學科而不另取學費者。至工資一項，若專門工作，從無有不足自給者，不過欲以餘錢求學，則爲無技藝者之難事也。(1)

中國學生當時在法之謀工廠既如此容易，加以留學生之頭銜素爲國人重視，於是去者日多而流品亦日雜；而法國生活自民國九年下年來，較戰前增加倍蓰，國內工

(1) 安徽敎育月刊第二十四期。

人要求增加工資，廠主負擔過重，營業不能發達，工人因而失所者甚多。我國學生因素無技藝上之訓練，工作能力原不及法國工人，是以能耐勞與法國一時缺人之兩條件勉强在法廠自活。當初亦有因能力不足被各廠辭退者，不過爲數甚少，華法教育會之主持人爲熱心於中法文化溝通者，於盡力介紹工作外，並常向各處募集款項維持其生活。及法國社會經濟發生變動，國內工人尚且失業，素少專技之中國學生，當然不能立足，民國十年初，在法勤工儉學生之待維持者達千七百餘人，華法教育會既無款維持，而且該會之組織亦以輔助學生覓居覓校爲主旨，(1)並非法定之責任機關，但學生

(1)　該會章程六條，第四第六兩條係規定對於儉學會之責務者，特錄於下：

四、會中可助儉學會員之點　到法在車站客寓之接待，與覓居覓校之介紹，以及在公府報名社會交游之接洽等事。

六、新會員與會之接洽　出發前一個月，由同學會開列中西文對照名單三份及每人入會書，交組織人之一寄法。火車將到巴黎之前，由公學會發電告以到巴之日期，俾會中招待員屆時至車站接洽一切。

(新青年三卷二號)

平日無工可作時，多在該會領維持費，一時不應，遂發生種種衝突，該會於民國十年一月十二日由會長蔡元培向勤工儉學生申明該會之性質，及其與儉學會，勤工儉學會之關係，並欲學生分途組織儉學會及勤工儉學會。其通告原文說：

元培到法以來，在法勤工儉學生，以及學生事務部任事者，先後向培聲述各方面困難情形，及詢求解決辦法。培觀察所及，知由於學生事務部組織之不良者半，由於華法教育會，儉學會，勤工儉學會，多有不辨其性質，混爲一談，因而發生誤會者又半。今既欲解除一切困難，不得不先辨明此三會之性質。成立之歷史，儉學會最早，成立於民國元年；宗旨以納最儉之費用，求達留學之目的。勤工儉學會則成立於民國四年六月，以『勤於工作，儉以求學』爲目的。自此兩會先後成立，來法人數日益增多，同時法國方面亦多注意中法兩國文化之提攜，爲言欲達此種目的，非特設機關，共同集議不可，於是始有華法教育會之組織。是華法教育會爲兩國文化上之總機關，儉學會，勤工儉學會不過其事業內之一部分。今則混爲一談，多以爲勤工儉學事務，即華法教育會全體之事業，勤工儉學事務辦理之不善，益以委罪於華法教育會，如此誤會，是直以華法教育會爲勤工儉學會之代名，此實大謬不然者也。欲矯此誤，惟有儉學會，勤工儉學會，對於華法教育會爲部分之分立，由兩會學生自行分別組織，華法教育會從旁襄助一切。……』

一月十六日並由蔡通告華法教育會對於儉學生或勤工儉學生脫卸一切經濟上之責任，其通告及辦法如下：

……在本會方面，一年以來，借貸學生之款，虧空之數甚巨。本會原無基金，又無入欵，挪借之術，有時而窮；而告貸之學生，方日增無已，今則虧竭已極，萬難爲濟。惟有竭誠通告華法教育會對於儉學生或勤工儉學生，脫卸一切經濟上之責任，只負精神上之援助。……

辦法兩條：

(甲)關於儉學者：(一)儉學生以前在本會存有款者，一律在本年二月初十起，至三月十五止，由該生親到事務部結算清楚，(或親筆函索亦可)本會不再擔負保管之責；(二)儉學生無存款，一向請本會貸付學費者，一律自本年二月底止，以後由該生設法自理。

（乙）關於勤工學生者：（一）現在工廠者，自通告之日起，以後如有辭出工廠情事，本會一律不發維持費；（二）現在勤工儉學生之在學校者，其請貸付學校用度，一律於本年二月止，以後由該生設法自理，（三）不存上述之規定而現在仍來本會領維持費者，本會概不答覆。(1)

通告出後，在法勤工儉學學生大起恐慌，紛紛往使領請求維持，時陳籙為公使，連電北京國務院，教育部並各省督軍省長報告困難情形，請滙款接濟，結果中央只准為無力自給者代購船票遣送回國，各省則以為此項學生非經省派，不能由省負責，而令各生家屬自行籌款。此項消息到法，學生堅執不受遣送，於二月二十八日集數百人要求使館每人月給學費四百佛郎，四年為期，公使無法應付，而法政府及輿論均不以遣送回國為然，並由法外部派人至使館請將遣送費移作維持學生之用，法政府當竭力

(1) 安徽教育月刊三十七期附錄

幫忙。乃於五月十四日由中法兩方面合組委員會專辦勤工儉學生事宜，並由朱啟鈐捐五萬元計三十萬六千五百佛郎，與使館所籌遣送費二十五萬佛郎，法外部捐三十萬佛郎，滙理銀行捐五萬佛郎，共九十萬六千五百佛郎，以之發給候工學生每人每日維持費五佛郎。而在法學生千七百餘人，(1)流品既不齊，失工者亦多，八九月間，領維持費者達八百餘人。適中法實業銀行改組問題發生拒款風潮，法政府於九月撤消該委員會，十月十五日起，不復發給學生維持費。適於九月二十一日，勤工儉學生百人佔領里昂大學，法政府盡數驅逐暫行安置於附近兵營，並主張驅逐出境，後經公使多方交涉，以內部問題不能解決，終於十月十三日由法外部派員到里昂護送學生一百四人

(1)　據民國十年華法教育會名冊登載：湖南三百四十六人，廣東二百五十一人，江西二百二十八人，福建八十九人，浙江八十五人，河南二十八人，陝西九人，貴州九人，四川三百七十八人，直隸一百四十七人，奉天五人，山東十五人，湖北四十八人，江蘇六十九人，山西二十八人，安徽四十八人，雲南六人，廣西七人，又新到之生尚未列冊者一百餘人，其間籍隸四川者九十餘人，統共一千七百餘人。（安徽教育月刊第五十三期）

往馬賽乘船回國。在法學生，因經濟困難亦逐漸自返，民國十四年以後，雖間有去者但爲數甚少。現在勤工儉學生之在法者不過四五百人耳。（見李璜：法國留學問題，中華教育界十五卷九期。）

民國八年南北兩政府爭關餘時，吳稚暉、李石曾等竭力鼓吹，經政府及各方面之贊助，於民國十年設中法大學於法國之里昂。校址爲一舊炮台，法國原定永久給爲校址，後由永久改爲二十五年，再改爲十五年，最後改爲九年。開辦時費修理等費二百餘萬佛郎，常年經費約六十萬佛郎：由廣東政府給四十二萬佛郎，北京及法國政府共給十七萬五千佛郎。初意原爲勤工儉學生，後因種種原因，向國內招收學生，但因校舍與經費之限制，學生不過百五十餘人。校中有特待生，免費生，正式自費生之分。此事不獨在留學史上開一新紀元，且爲中國在海外設立大學之始。

第九章　日本對華文事業與留日　各部特送留學

甲　日本對華文化事業與留日

自從美國退還庚子賠款培植留學生在文化侵略上收效以後，各國均有起而效之的意思。加以日本於歐戰時侵略中國引起國際間之不滿而處於孤立地位，更欲見好於中國。其衆議院於民國十二年三月通過議案以庚款辦理對華文化事業，斯年十二月二十九三十一兩日由汪榮寶公使及教育部特派員朱念祖與日本對華文化事務局長出淵商定辦法十二條，大致爲決定在華關於辦理圖書館博物館及精神科學研究所，自然科學研究所與補助留學生等事。其中之第十，第十一，第十二三條專係補助中國在日學生辦法之規定，茲錄其全文如下：

十、對於留日中國學生，從明年度起，依下開方法給學費。

（附記）此項經費期限經雙方議定以十年爲限。甲學費定額，每人每月八十元，一律平等給與之。乙得受此項學費之留學生名數，每度年總計不得逾三百二十名。丙前項學生之名額，以各省選出衆議院議員及各省擔負庚子賠款之數目分攤於各省，由大學及專門學校肄業生內遴選之。此種大學及專門學校由駐日公使館與日本文部省及對華文化事務局協商指定之。丁、應照前次遴選之學生，不以官費爲限，自費生亦在其內。戊、業經入選之學生，如認有成績惡劣或品行不良者，隨時停止其學費。

（附記）文內品行不良字樣，業經雙方商由中國使館詳加解釋，列舉事項以免誤會。

十一，對於留日中國學生本年度給與學費辦法，照下開方法施行：甲、按照第十項所定明年度以後之給與方法所遴選之學生逐名給與之。乙、此項學費之給與自民國十三年一月份起。丙、從前欠繳之各學校修金授業科，以本年度支用之經費清給之。

十二、對於留日中國學生給與學費之支付，由中國公使館行之。(1)

此項辦法於民國十三年二月六日由汪、朱等與出淵在日本外務省簽字後，使署卽着手分配補助費，定全費生每名每月八十元共二百四十名，半費生每名四十元，共一百四十名：以各省庚子賠款分擔數及選出之衆議員數爲比例，定各省學生受補助費者之名額。但分配後，尚餘全費生額十一名，擬以補助女生，而私費男生羣起反對，且

(1) 教育雜誌十六卷三號教育消息

不許公費生染指使署乃改訂此案，以餘額十一名爲補助國立大學及專門學校遴選合格人員赴東研究費，並將全費與半費之區別取消而一律定爲每月七十元，各省應得名額由官費自費生平均分配。後因自費生與女生之反對而改歸北京教育部辦理，結果仍以使署第二次修正案爲根據，於三月八日公佈；(1)並於十三年冬留日學務總

(1) 教育部公布之全文如下：

(一)支給此項學費學生定額爲三百十二名，按各行省衆議院議員名額及擔負賠款金額之比例爲標準分省定額如下：直隸二十三名（京兆在內），江蘇二十七名，四川二十四名，浙江二十二名，江西二十一名，山東十八名，河南十七名，廣東二十一名，山西十五名，湖南十四名，安徽十五名，湖北十六名，福建十三名，雲南十名，陝西十一名，廣西九名，甘肅七名，貴州六名，新疆六名，奉天六名，吉林四名，黑龍江四名。

(一)每名每月應支學費日幣七十元。

(一)各行省應得名額，在留東官自費生中各補半數，如係單數時，得由自費生多補一名。

(一)官費生換補前項學費時，其原有官費缺額，應遵照十二年三月十九日通咨『五校特約取銷後，留日

學生補費辦法，應與『歐美一律辦理』之原案辦理。但凡屬缺費省分之官費生，其遺缺暫緩序補。（教育雜誌第十六卷第四號）

（一）各行省官費生，如不願換補前項學費時，得以各該省自費生遞補之。自費生不足額時，亦得以官費生補之。

（一）前項學費，依下列學校資格，依次序補。（學校過繁從略。）

（一）前項學生之資格相同時，以年級之高下定之。年級相同時，以成績之優劣定之。成績相同者或有疑義時，由學務處舉行臨時考試定之。

（一）各行省如合格之官自費生均不足額時，得由學務處考察各該省在前項指定學校外之官公私立大學專門學校學生成績最優者補充之。

（一）於各行省所得定額外，所餘十一名，應由國內國立大學及高等專門學校遴選合格人員，赴東研究。

裁，蒯壽樞解決此事。補助費之支付原定十三年一月起，但因在東之爭執不已，十月以前應支之費，由日政府支爲官立學校學費及一部分學生之研究費與實習費，至十三年秋始，由日政府請我國留日學務處調查日本專門以上各校學生姓名，決定得費者及候補者之人員造册送交日本對華文化局，於十三年十月份起，得費者文化局將各費交各校會計課給領。當發款之先，各校長將本校應得補助費之學生召集宣誓，並製定誓約書一紙令其塡寫。因此誓約書之內容(1)有侮學生人格，學生當時不願領費，要求改訂，結果畧有修改，仍行領費。而日政府因近年我國留日學生漸減，並擬請中國政府派送三百人去日，而中日兩國學生團至少每年當互相旅行三次，(2)以增中日間之親善。

(1)　該誓約及支費規程見教育雜誌第十六卷四號原文如下：

(甲)支那留學生給費實施大綱(一)本件學費從大正十三年十月份開始，每月支給七十元，按照別紙名簿，對於該月之在學中者交付之。若該學生中有退學或休學者時，應卽通知外務省文化事業部。(二)每月學費於十五日前後送於學校長，(在大學則送於學部長。)又在學校以外之機關已議定者準此，以下同。又在東京市內或近郊學校，當預先通知支付日期，屆時得命相當之代理者，携帶該代理者之印信，持捺蓋有學校校長職印之委任狀，直到文化事業部受領。但大正十三年十月至十二月三個月份，應與大正十四年一月份同於一月上旬一倂送達。(三)交付學資於學生之時，每次須使其於當時交付之受領書上簽名蓋印，並卽轉送於外務省文部，不得延遲。(四)監督發給學費之學生等事，悉付託於校長，惟須將誓約書謄本送外務省文化事業部。(五)本件給費學生中若認爲於受補給費有不適當時，得依據學校校長之意見中止其給費。(六)別紙甲號表及乙號表各三校，每校係由其本人或學校分別填入，各送二份於外務省文化事業部，其餘一份則留置於學校保存之。若記入事項有變更時，應即通知外務省文化事業部，不得遲滯。(乙)「誓約書」某科某部幾年生姓名生年月日學生今次依照日本政府成案之對支那文化事業之一之支那留學生給費實施大綱，自大正十三年十月起，每月領文補給學費金七十元，不勝感激之至。爲此誓當專心勉學，畢業之後，并願體奉右記主旨，奮勵奉答恩眷之隆。特爲誓約如右。

(2)教育雜誌第十七卷第五號(十五年五月)敎育消息云：據日本對華文化事務局及外務省預定方案，共分五項：(1)對於中國留學生補助費存在辦法，原就中國原有在日之留學生中，分校分省補給，嗣後擬將此項辦法略事變更，每年由中國政府自國內派送留學生三百名來日留學，其學費及一切辦法，均照原定計劃辦法，並自本年四月起實行。如此則中國留學生必日見增加，不至如近來之逐次減少矣。(2)每年中日兩國學生團至少彼此當作三次旅行，使兩國之風土人情互相了解；每次旅費每人定爲日金五百元。……

日本外務省之對華文化事務局，因民國十一年日本曾遣入澤博士及東京帝國大學學生七十人至中國各地參觀，實行其對華文化事業中之交換教授學生計。故民國十三年約協和醫校派外國教授二名赴日交換講演，並由教育部根據日本外務省之請托，在北京國立八校中（原定通令全國選派，以時期過迫，故在京八校中選派。）選教授學生五十五人，於十三年五月去日，於六月返國，爲期一月；旅費每人日金五百元，由日供給。民國十四年南京各校並選派教授學生二十名，民國十五年選派教師二十名去日參觀，辦法均照原案所規定者辦理。

乙　交通部特送留學

交通部爲前清郵傳部所改。郵傳部因交通人材缺乏，在國內自辦南洋，唐山等專門學校以培植之，並派各校畢業生出國學習，歸國後分派該部直轄機關服務。民國成立，其原派在外未畢業者由交通部繼續給費，民國初年，每歲亦有增派。後因所派學生既係直轄各校高等專門學校畢業生，於學理已有研究，出洋應專注重練習事務，乃將派學生遊學之例停止，於民國二年八月另訂派赴外國修習實務章程二十條，專派實習人員出洋，其章程之重要條文如下：

第一條　交通部爲養成實用人才，得隨時選派修習員赴外國修習關於交通事項之實務。

第二條　修習員名額無定數，由交通總長視本部預算之情形及需要之多寡，隨時增減之。

第三條　修習員由本部或原辦事局所或原肄業學校暨駐外國公使介紹，分別入各國之公司局廠等修習。

第四條　派往何國及練習科目，由交通總長指定，或由原辦事之機關首領或原肄業學校校長擬定呈候交通總長核奪。

既經指定派往何國及所習何科，各修習員不准自行改往他國及改習他科，違者應勒令繳還已受領之一切費用。

第五條　派出之修習員，須有左列第一項或第二項資格之一並兼具有第三項第四項之資格者。

一　在交通部或直轄各局所辦理重要部分事務，滿三年以上確有成績，經該管首領出具確實考語舉薦者。

二　在交通部直轄各專門學校高等專門班畢業成績最優者。

三　嫻習外國語言文字在一種以上，並應具之知識技能能在所派往之國之公司局廠等直接領受所修習之學藝者。

四　身體精神健全者。

第七條　修習員之修習費暨往返川資及其他必要費用之數目與支給之方法，由交通部核定，並得委託公司局廠等當事者代辦。

第八條　修習期間，以一年至二年爲限，但因必要情形，得交通部總長之許可。得延長之，但延長時間至多不得過一年。

延長之許否，須以所在修習之公司局廠等之證明書爲准。(1)

(1)　民國十三年編：法令大全（商務）

民國十四年七月該部爲整理留學事務起見，訂管理留學生章程二十四條，以確定留學目的；並規定留學生名額七十名，經費二十萬元。辦法很詳備，而且爲各部派遣留學生之最有系統計畫者，錄其全文如下：

第一條　本部爲培植交通四政專門人才，得選派學生分赴國外留學。

第二條　本部留學生事務由總務廳育才科管理之。

第三條　本部留學生名額，暫定爲七十名，其分配法依左列之規定：

(一)本部直轄三大學學生，每年畢業時，擇其成績優異品詣端方者選派四名，每人留學五年，共占額二十名：內南洋大學每年派送兩名，唐山大學及北京、交通大學每年各派一名。

(二)本部直轄三大學學生在校成績優美，畢業後在本部四政服務兩年以上，品行才具學識俱佳者，每年選派二十名，每人留學兩年，共占額四十名；內土木機械電機鐵路管理四科各占四分之一，但本部得視需要情形，隨時酌量變更之。

(三)自費生在外國各大學本科肄業二年以上，所學習學科在本部四政範圍以內成績優美者，得給予官費，以十名爲限，留學期限二年。

第四條　凡具有第三條第二類資格之學生，在留學期內，其原在服務機關之資薪，得予保留。

第五條　本部選補留學生程序，依左列之規定：

(一)凡具有第三條第一類資格之學生，應於其畢業時，由直轄大學校長，按照規定名額選定，呈請本部核派。

(二)凡具有第三條第二類資格之學生，應由服務機關會同直轄大學校長呈請本部核派。

(三)凡具有第三條第三類資格之學生，應由管理留學事務機關及其肄業之學校，開具成績證明書，函請本部核補。

(四)凡具有第三條資格之學生，自行呈部請派者，應交由原肄業學校或服務機關或管理留學事務機關審查合格後，再行核派，或補官費。

第六條　審查合格應行派送或補費之學生，超過第三條各類定額時，本部得擇其學識成績最優者儘先依類派補。

第七條　本部留學生所習學科，以本部路、電、郵、航、四政及與有關係之學科爲限，由本部按照各政需要情形，於選考時指定修習之。

第八條　本部留學生肄習學科，非經報由本部核准，不得改習，違者停給學費。

第九條　本部留學年限依第三條之規定，但有必要情形經部核准，至多得予延長期限一年。

第十條　本部留學生學費分全費半費兩種，凡具有第三條第一類資格者，給以全費，其具有第三條第二類或第三類資格者，應視其留學情形，給以全費或半費。

第十一條　本部留學生出國川資及治裝費依左表規定金額由本部發給之。

國別	出國川資	治裝費	共計
日本	國幣一〇〇·元〇〇〇	國幣一五〇·元〇〇〇	二五〇·元〇〇〇

歐美各國　國幣七〇〇・〇〇〇元　國幣二〇〇・〇〇〇元　九〇〇・〇〇〇元

第十二條　本部留學生每月學員依左表所定金額，由本部分季滙交委託管理留學事務機關支給之：

留學國別	每八每月學費數目
日本	日金七十元
美國	美金九十元
英國	英金二十磅
法國	法金一千六百佛郎
比國	比金一千六百佛郎
德國	德金四百斤馬克
瑞士國	瑞金五百佛郎

第十三條　留學生收到學費，應卽出具收據，送由管理留學事務機關，每屆三個月，連同其他單據造具學款收支清册，彙送本部備核。

第十四條　本部留學生回國川資，依左表所定金額，由本部滙交委託管理留學事務機關發給之：

留學國別	每人回國川資數目
日本	日金一百元
美國	美金五百二十元
歐洲各國	英金一百十磅

第十五條　本部留學生學費自到達留學國之月起支，其係自費核准給予官費者，自令准之月起支。留學生畢業返國時，學費發至起程回國之月爲止。

第十六條　本部留學生如屆期滿畢業回國，應於前三個月函由管理留學事務機關，轉報本部發給川資。

第十七條　本部留學生應於每年六月及十二月填具調查表，送由本部委托管理留學事務機關核轉本部備案。

前項表式由部規定每年於三月及九月印發，本部委託管理留學事務機關，轉飭照塡，如逾期兩個月尙不塡送委托管理留學事務機關，得查酌情形停止其學費，並報告本部。

第十八條　本部留學生應於每年六月及十二月按照部定表式，將學業及實習成績逕行呈報本部，如逾期三個月尙不呈報本部，得查酌情形電知委託管理留學事務機關，停止其學費。

第十九條　本部留學生應將通訊處函報本部育才科以便隨時通訊。

第二十條　本部留學生不得無故擅自回國，如因親喪大故及其他不得已事故必須回國者，應先請由管理留學事務機關電部核准給假，往返川資自備；在假期內，並停發學費。

第二十一條　本部留學生因病所需醫藥等費，經醫院證明暨管理留學事務機關考查確實，並認爲正當者，得予照發，但每生每年至多不得過全年學費二十分之一。

第二十二條　本部留學生畢業返國，應來部報到，聽候攷驗傳用。

第二十三條　本章程施行細則另定之。

第二十四條　本章程自公佈日施行。(1)

我國交通事業雖以郵電路航四政並舉，但以鐵路事業爲主幹，故儲才亦偏於路政。光緒三十三年梁士詒綜理借欵各路事宜，因見鐵路人才之缺乏，乃多設留學名額。民國後，朱啟鈐及周自齊更注重分門研習，而留學學額亦漸以擴充。自光緒三十四年至民國十四年六月止，共派學生六百餘人；計赴英國者一百八十人，比國五十二人，美國二百三十五人，日本一百十九人，德國三十七人，俄國六人，奧國四十一人，法國二十三人，瑞士三人。其中視爲留學目的分爲三類：一、留學生赴大學或專門學校以研究高等學術爲主旨；二、修習實務員赴公司局廠以修習關於交通實務爲主旨；三、實習生與修習實務員性質略同，不過待遇有別而已。(2)

(1) 交通公報十四年七月二十日二十九日。
(1) 商務印書館：民國十三年編法令大全頁一二五三
(2) 葉恭綽交通與教育（國聞週報二卷三十四期）

丙　參謀部海軍部特送留學

自前清練兵處奏定留學章程後，除日本士官學校中國學生特多外，歐美各國均有學生，民國成立，不復仿其政策，惟派遣陸軍測量學生出國學習，但人數甚少。元年十二月參謀部公布派遣陸軍測量留學生章程三十三條，茲錄其關於總綱，資格，選派法之重要者數條於後：

參謀本部爲促進測量學術改良測量事業起見，特頒此章程以策進行。（第一條）

本章程所稱陸軍測量留學生以參謀本部派赴各國之測量學生爲限。（第二條）

派遣測量留學生，需用各項經費，歸入測量費內，由參謀本部按期發解。（第六條）

凡派遣測量學生必具左之條件者方爲合格：

1、精通某一國文學能直接聽講者；

2、確在本國尋常高等兩科卒業，且實地經驗二年以上，或經測量總監（或測量監）認爲有相當之程度者；

3、品行端謹別無嗜好者；

4、學術成績經長官認爲有發達之希望而加以切實考試者。（第七條）

凡具有前條之資格者均得列入選派試驗。（第八條）

選派額數由參謀本部隨時酌定，一國不得逾六人，每科一國不得逾二人。（第十條）(1)

學生用費分學費、月費、書籍費、川資、治裝費、醫藥費五種，除書籍費規定日本百元，歐美三百元，餘均由參謀本部及駐外公使按留學國生活情形隨時酌定支給。

海軍部在前清爲海軍處，隸屬於陸軍部，民國始改爲分部。光緒二十七年以後，江鄂等省派水師學堂學生赴英美學習海軍，宣統元年八月海軍處派專員爲西洋游學生監督，專管海陸軍學生留學事宜，民國七年十一月海軍部公布駐外公使館海軍武官管理海軍留學員生規則十條，同時並公布修正英美海軍留學員生規則。其重要條文如後：

第一條　海軍留學員生，除另有特別規定外，應受留學國公使館海軍武官之管理。

第二條　留學員生之轉校及入廠登艦日期，及在各處之畢業日期，應由該員生先期呈報海軍武官，彙案報部。

第三條　留學員生，應習各項專門學科及畢業期限，應由海軍武官，參酌該國定章，核定辦理，留學員生，不得自由選擇，或改習海軍以外之科學，違者除停止官費外，並須繳還所領留學等費。(2)

關於經費亦分學費，零用，川資，治裝，旅行費，醫藥費，等項：赴英者月十磅，赴美者月美金八十四元，但學費每年在二百五十元以上者，一百元外由公家補給川資與旅行

(1) 商務印書館民國十三年編訂法令大全頁七五二

(2) 同上頁七六九

費依國別及學校而定，醫藥費則核實支給。

第十章　官紳遊歷貴胄遊學女子遊學

甲　官紳遊歷

政府鼓勵官紳出洋遊歷始於光緒二十九年張百熙、榮慶、張之洞、等奏定學堂章程附奏鼓勵官吏遊歷章程，但前此十餘年已由政府派遣京官至東西洋各國遊歷。光緒十三年四月，總理衙門有一奏請派遣官吏出國遊歷之摺，並訂章程八條，其性質與專門考察有別而帶一部分遊學任務。原摺說：

竊臣衙門於上年十二月初十日欽奉諭旨。前據謝祖源奏請飭保薦出洋人員，經總理各國事務衙門議復、請由翰林院六部核實保薦，現在幾及兩年，尚未據保薦有人，著該衙門傳知翰林院六部迅卽查明有無可以保薦之員，限三個月內咨復該衙門，毋再遲延，欽此，欽遵恭錄行知各部院遵照辦理去訖。查臣等前奏內稱翰詹部屬中如實有制器通算測地知兵之選，堅樸耐勞志節超邁，可備出洋遊歷者，請旨飭下各該衙門核實保薦，咨送臣衙門考核，再行奏請遊歷各國。應需出洋薪裝，屆時由臣衙門酌定數目，在出使經費項下發給等因。現在各衙門正在陸續保送，俟送齊後，由臣衙門考核去取，釐定員數，帶見請旨遵行。至遊歷員應定年限，及薪水數目，必須示以定章，俾資遵行，臣等公同商酌、謹擬章程八條。

其章程八條如下：

一、選派人員，當視經費贏絀，定員數多寡，刻下設法節省出使經費，計省出之數，每年只四萬餘兩，以供派員遊歷之費，不爲充裕，不得不限定員數。臣等公同商酌，此次派出之員，除翻繹人員之外，或十員或十二員。

一、各衙門保送人員除翰林院人員由其本衙門先試以紀載文筆再行咨送外，其各衙門保送人員，擬由臣衙門定期考試，以定去取。考試所取，專以長於紀載叙事有條理者入選。

一、遊歷至久以二年爲限，往來程途均在限內，有過二年限者，卽作爲自備資斧之遊歷，停支薪水；一年半後，先歸國者聽。

一、翰林院人員在南書房上書房有緊要職事者，雖於單內自註願行，臣等未敢擅便，屆時奏聞請旨；各部人員派出遊歷者，每月擬給薪水銀二百兩，伙食僕役一概在內，每員准帶翻繹一員，月支薪水五十兩。

一、各員遊歷時，應將各處地形要隘，防守大勢，以及遠近里數，風俗政治，水師砲台，製造局廠，火輪舟車，水雷砲彈，逐一記載，以備查考。

一、各國語言文字、天文算學，一切測量格致之學，各員如有素日曾經留意，及出洋遊歷後擇端學習，可寫手冊錄交臣衙門進呈。

一、各員遊歷回華後，將所精之製造，所著之筆記，呈臣衙門後，應否由臣等擇其才識卓著之員奏請給奬，伏候聖裁。

一、遊歷各員倘有在途在洋遇他項事故者，均照衙門出使章程辦理。(1)

此議於四月十六日照准，但當時部員甚多，各衙門保送出洋遊歷過衆，故分兩日而試，取定二十八員，(2)復經親王及大學士，軍機大臣面示外洋大略情形，於六月初二日率領覲見，派定傅雲龍等遊歷東洋及美洲，程紹祖等遊歷西洋及非洲，東西兩洋共派十名。惟出國諸人在國內既無預備，時間又甚短，故無何種成績。

庚子而後，舉國均以勵行新政爲事，故張之洞等極力主張派遣遊學生，但猶恐學生在國外學習需時不能應急需，所以又奏鼓勵官紳遊歷。他們說：

『……已入仕途之人，類多讀書明理，循分守法，內而京堂翰林科道部屬，外而候補道府，以下等官，無論滿漢，擇其素行端謹志趣遠大者，使之出洋游歷，分門考察，遇事咨詢，師人之長，補己之短，用以開廣見聞，增長學識，則實屬有益無弊。其能親入外國學堂留學者尤善，職官出洋遊歷遊學者衆，不獨將來回國後任使之才日多，而在洋時與本國遊學生漸相稔習，灼知其品誼才識，何人爲學行兼修之士，何人爲乖張不逞之徒，異時以類相求，黑白確有明證，且力持正論之人日多，則

(1) 小橫香室主人編：清朝野史大觀卷四頁九十五至九十六

(2) 二十八人計爲傅雲龍、繆祐孫、顧厚焜、劉啓彤、程紹祖、李秉瑞、李瀛瑞、孔昭乾、陳爔唐、洪勛、徐宗培、金鵬、王旭東、嚴庚辛、費德保、賀松蔭、常聯、宗寶僖、蔣寶英、孫慶祺、余和壎、曾紀先、何宗堦、志善、王春沛、熙文、左庚、張雲標。(同上)

邪說詖詞勢自孤而不敵學生囂張之氣，亦必可默爲轉移。若高爵顯秩，亦令出洋遊歷，則其憑藉既崇展布愈廣，爲效尤宏鉅。』

這是光緒二十九年的事，張之洞、榮慶、並奏定獎勵官紳遊歷章程，其重要者如下：

1、游歷遍涉東西洋各國往返在三年以外者爲上，擇游歐美兩洲之一二國或二三國往返在二年以上者次之，專游歐美各國中之一國往返在一年以外者又次之，僅至東洋游歷往返在一年以外者又次之。無論東西洋，其遊歷在一年以內者無獎。

1、遊學較遊歷爲尤有實際，最爲成就人才之要端，且歲月較久，勞費尤多。如宗室勳戚以及王公之子弟暨內外職官無論實缺候補，能自備資斧出洋遊學，由普通而達專門，考求實在有用之學，得有彼國學堂畢業憑照者，回國後，尤宜破格獎勵，立予擢用。擬請宗室勳戚以及王公之子弟暨內外職官出洋遊學畢業者回國，分別學業等差，其最優者翰林或比照大考一二等例優予升擢，閣部等司官實缺者，或比照方略會典等館差例，優予升擢，或准列入京察一等；候補者照特旨班遇缺卽補，減優者略減。外官亦照異常勞績最優班次分別予以升遷補缺。其遊學西洋者，道遠費重，應格外加優。至游歷獎勵比游學應減一等，凡出洋游歷游學人員，並一概免扣資俸。竊謂照此辦法，則不煩國家絲毫經費，而內外職官願出洋游歷遊學者，必接踵而起矣。(1)

自此議准行後，慕官者大概以出洋爲工具，加以新政需才，回國者又無遺才，於是官紳之出國游歷者甚多，因無資格限制，流品未免過雜，光緒三十二年七月學部特規定官紳出洋游歷簡章十三條，通咨各省，以示限制。其前三條如下：

一、各省選派員紳出洋游歷及京外員紳自請出洋游歷，均應由各本衙門及各將軍督撫詳加考察，確係性行端謹，學有根柢，年力强富，不染嗜好，平日於各項政學術實業留心考察者，始予給咨。

一、游歷爲考察政治學術實業起見，自請游歷者，應將所欲游歷之國暨所

(1) 光緒新法令卷十一

欲考察之事項，預先呈明，其茫無宗旨者，槪不給咨。(1)

一、游歷必久於其國乃能確有心得，凡自請游歷者遊歷東洋期限不滿三個月，游歷西洋期限不滿六個月槪不給咨。(2)

官紳出洋游歷之目的地雖無限制，但西洋則『道遠費重』去者甚少；出國游歷者大槪去日，而且多事前無預備，卽有所學亦爲速成法政。光緒三十四年七月學部通咨說：

『……各省所派游歷官屬於攷察者居多，凡官署學校警察銀行鐵道會社以及工廠農場水道陸軍幾於無項不往參觀，而本無專門之學，於方言復多隔閡，求其實有所得者殊不多覯……查日本法政大學專攻科附有特設部一班，講解期間可以三四月爲限，最適游歷官之聽講……總核人數如在三十人以上卽請該校開班講解。……』(3)

此外光緒三十二年直隸總督袁世凱，因辦學校須親往外國考察確有心得始能措置裕如奏請選派翰林出洋游歷，由學部復議在翰林院中選派翰林四五十人分爲游歷游學兩項出國研究，亦帶學習與考察性質，可視爲官吏游歷之一部分資料也。

乙 貴胄遊學

中國民國成立十五年矣，當然無所謂貴胄，然而留學史中確曾有滿貴胄游學一段故事，我們不能不知道。

貴胄卽滿淸時代之王公子弟，當時爲一種特殊階級：光緒二十七年外務部因呂海寰奏出洋肄業學生宜防偏重以杜流弊咨出使各國大臣核議，二十八年，由前任出使義、英、比國大臣羅豐祿會同使德和大臣蔭昌、使法裕庚、使美、日、秘、伍廷芳、使俄胡惟德、使英、義、比、張德彝等復咨游學生名目三項卽以貴胄學生列首（其他兩項爲官派學生，游學學生游學學生卽私費生。）(1)同年宗人府奏派宗室子弟出洋遊歷游學，光

(1) 光緒新法令第十三冊

(2) 學部奏咨輯要第一編

(3) 同上

緒二十九年張百熙等奏定學堂章程亦曾提反，但均未規定特別辦法。光緒三十一年因梁誠奏請選王公子弟入陸軍學堂肄業，由練兵處訂定貴冑陸軍學堂章程，專門設校培養他們底軍事知識，光緒三十三年十一月，外務部、憲政編查館、學部、陸軍部以貴冑子弟只習陸軍，在政治上難謀進步，奏請派赴德國習陸軍，英美習政治法律，並擬定章程十二條。茲錄其前十一條如下：

第一條　貴冑游學生係由王公子弟及貴冑學堂高材生中選取，使之遊學英美德三國，研究專門科學。

第二條　應習之學科分爲二種：一政治，一陸軍。

(1)　原摺云：『……一曰貴冑學生凡王公大臣子弟皆是。各國均有一定優待之例：執業時與同班學生一體肄習，迨出學堂之門換去制服，則仍待以貴冑之禮。中國如有此項學生，應倣照日本、暹羅、王子辦法，送入高等學堂：如英國、倫敦、夏魯學堂之類，恪守堂規，隨班受課，不得有挾貴挾賢之意……』（約章成案匯覽卷三十二上）

第三條　貴胄遊學生遊學年期，均定以三年。

第四條　貴胄遊學生每人給川資七百兩，月給經費三百兩，整裝費五百兩。

第五條　每班派通洋文者一人充譯員，精漢文者一人充經史教員，均與貴胄游學生同時前往。

第六條　譯員每人月給薪水三百兩，教員每人月給薪水二百兩，整裝費均三百兩，川資均五百兩。

第七條　貴胄遊學生如帶僕役，祗准以一人爲限。

第八條　貴胄游學生應聽本國出使大臣選定學堂上課肄習，平日由本國出使大臣稽查。每屆學期，按其功課品行，造册報名外務部，其譯員教員統歸本國出使大臣節制。

第九條　貴胄游學生如有品行不端，學業無望者，由本國出使大臣隨時報告外務部調回，其尤甚者並請從嚴懲戒。

第十條　貴胄遊學生如能始終勤奮，學業有成，期滿回國時卽予擢用；其尤爲優異者，破格超擢。

第十一條　譯員敎員如能克盡厥職，三年期滿，由外務部照異常勞績保獎一次，其有不能稱職者，隨時由本國出使大臣電告外務部撤回，另行派員前往接替。(1)

貴胄游學生之治裝費川資費等等都比譯員與敎員爲多，而遊學國以英美德三國爲限，學習科目以政法陸軍爲限，其重視特殊階級之思想很顯明，改元而後雖無所謂貴族，但達官偉人子弟之出國求學者仍不免有階級之流毒。(黎元洪子女去美，在國內受上海社會之特別歡送，至美爲公使特別照料，卽其一例。)

丙　女子遊學

中國人對於女子敎育的觀念自昔就是以順爲正。戊戌之後，雖然舉國知變法之重要，但在光緒二十九年以前，女子敎育在學制系統上尚無正式的地位。就是當時一般自命爲明達的人，創辦女學也只以上可相夫，下可敎子，近可宜家，遠可善種的理論爲根據，(2)當然說不到留學。但江浙離日本近，父兄去日者多，女妹亦有隨之而去者。同治三十八年（光緒三十一年）三月，日本之東西女學並附設中國女子留學速成師範學堂，實踐女學亦設中國女子留學師範工藝速成科。東西女學本科修業二年，並有修業六月之音樂專修科與遊戲體操專修科；實踐本科一年，工藝科六月。(2)當時去日之女生大概在此等專設之學校補習而實踐校長爲日本女界著名之下田歌子，官費生多集該校。光緒三十一年，湖南派女子二十名赴日習速成師範，奉天並特派熊希齡去日考察教育與下田歌子特約，每年派女生十五名至該校習師範，(3)此爲女子留日之最初期。光緒三十三年五月，江督考選男生十人赴美國耶路、幹尼路、兩大學並同期時選女子三人赴美國威爾士利女學，(4)爲官費女生留學西洋之始。光緒三十四年浙

(1) 學部奏資輯要第一編
(2) 皇朝經世文編卷二十七提倡女學啓
(3) 東方雜誌二卷六號
(4) 東方雜誌二卷八號九號

江舉行同樣考試，宣統二年五月學部限制女生遊學，但同時亦取得與男生一體挨次補給官費之同等權利。(1) 自此而後清華有間年考送女生十名之規定，各省官費留學無男女之限制，浙江近更規定留日官費生出缺卽以女生考入日本國立高師等校的遞補，(2) 尤特別重視女子留學，但以歷史上男女教育不平等的原因，女生數量終遠不及男生。——卽留美男女生亦爲十一與一之比。(3)

(1) 當時男生資格爲中學堂以上畢業程度能直接聽講，女生有中文通暢，洋文亦有門徑。被取錄者男生爲胡敦復、辛耀庠、王鈞豪、韓安、倪錫純、陳達德、李謙若、鄭之藩、蔡彬懿、侯景飛、王侯兩人爲北洋大學學生，因欲畢業未去，由備取楊景斌、楊豹靈遞補。女生爲胡彬夏、宋慶林、王季茝，另備取二名爲王季明、楊蔭榆。胡等三人照原案去美，王、楊兩人改派日本留學。(江寧學務雜誌丁未年第六期公牘欄)。

(2) 原咨云：『女生游學爲養成母教之基……留學外國以進求高等專門學藝爲主，故定章凡出洋學生必須中學畢業程度方能派遣。目前女學尚未發達，學校無多，雖不能限以中學畢業程度，亦應愼重愼擇……至自費女生補給官費，應以考入東京高等女子師範學校，奈良高等女子師範學校，蠶業講習所女

子部三校爲限。照考取之先後名次與男生一體挨次補給本省官費」。（學部奏咨輯要三編）

(3) 中九留學日本問題（中華教育界第十五卷第九期）

(4) 一九二五年中國留美國學生千六百餘人，女生六百四十人。（見常道直：留美學生狀況與今後之留學政策）。

第十一章　留學資格與經費

甲　資格

中國素以閉關自守爲事，故對於外國文化無澈底的認識，派遣留學生亦大半爲臨時的應付，所以對於學生底資格並無嚴密的規定。曾國藩、李鴻章等最初派遣幼童赴美，只有聰慧幼童年十三四歲至二十歲爲止曾經讀中國書數年之規定，以後李鴻章奏派閩廠船政學生去英法習海軍武弁去德習陸軍都未嚴限資格，而且也不是普通的留學生，即資格有所規定，也不足以視爲定例。光緒二十四年張之洞、劉坤一、議覆新政與光緒二十九年張百熙等奏定學堂章程雖極力提倡遊學，但留學生之資格仍無限制。直至光緒三十四年二月因留日學生過多，流品太雜，始有資格之限制。其原文如下：

『一資格宜限定學長期者除習淺近工藝僅須預備語言，於學科毋庸求備外，凡欲入高等以上學校及各專門學校者必須有中學以上畢業之程度，且通習彼國語言方爲及格……習短期者除遊歷官紳可少寬限制，其習速成科者或政法或師範，必須中學與中文俱優，年在二十五歲以上，於學界政界實有經驗者方爲及格……無論官費私費，長期短期，遊歷遊學，必品行端謹無劣蹟，身體强健無宿疾。』(1)

斯年七月更由學部通咨各省，非具中學畢業程度通習外國文字能直入專門學堂概不咨送。以後無何種變更，直至民國五年教育部發布選派留學外國學生規程，始將資格提高，有下列五項之規定：

1、曾任本國大學教授或助教授繼續至二年以上者；

(1) 學部奏咨輯要第一編限制游學辦法

2、曾任本國專門學校高等師範學校教授繼續至二年以上者；

3、曾經留學外國大學高等專門學校高等師範學校本科畢業者；

4、本國大學本科畢業生；

5、本國專門學校，高等師範學校本科畢業生。(1)

此特就官費生而言，私費生底資格較低民國三年一月教部發布之管理留學日本自費生暫行規程，規定

1、中學以上學校畢業者；

2、中學以上各校教員。(2)

民國十三年七月則將第二項資格改爲『辦理教育事務二年以上者。』(3)

從上面的事實看來，留學生底資格可以分爲三期：第一期無普遍的規定，惟由派遣者認可，時間自同治十一年至光緒三十二年。第二期以中學畢業爲最高資格，自光緒三十二年至民國五年，第三期以大學校及專門學校教授及畢業生爲本位，自民國五年至今；但自費生仍以中學畢業爲主要資格。六十年來留學生之法定資格，除近數

年外均以中學畢業生爲主，而自費生亦以中學畢業爲最多。據民國七年至民國十年之自費生四百三十七人之統計，中學畢業生占百分之四二·一四，且有中學肄業生百分之六·〇二，大學肄業百分之二九·八四，大學畢業百分之二一·九九。(4)

留學資格之取得，官費生除最早派遣幼童赴美與光緒二十八九年之間初派留學生少人應試，只由官廳擇定外，餘均須受競爭試驗。照民國五年選派留學生規程，須經兩次試驗，第一試由省政府主持，第二試由教育部主持。關於選派名額及留學地方，研究科目與年限等，均由教育部決定，其規程如下：

『每屆選派學生，先期由教育部議定應派名數，留學地方，留學年限，研究科

(1) 教育法規彙編頁四一九

(2) 同上頁四三五

(3) 中華教育界十四卷第二期國內教育新聞欄

(4) 陳啓天：留學教育宗旨與政策（中華教育界第十五卷九期）

目及各省應送備選學生名數並第二試在京舉行日期列表公布。『教育部議定前項應派名數卽以民國三年七月以後各省咨報教育部有案之核定留學名額爲限。』(1)官費生因有限制，故各省名額有定，但最近報部有案者亦達一千三百九十三人；(2)自費生底資格限制既寬，且不須考試，只要能自備資斧者均可出國，所以自費生還多於官費生。(3)

(1)教育法規彙編頁四二〇

(2)陳啓天留學教育宗旨與政策

(3)據民國十三年留美學生聯合會所編之留美學生錄(Hand-Book of Chinese Students in the U.S.A.)全體留美學生共一六三七人，自費生佔一〇七五人，據寰球中國學生會民國十五年特刊統計民國十年至十四年之出洋人數共一一九八人，自費生六四四人，官費生五四四人。(該刊統計表所列之數錯誤，此係根據該刊所列五年間出國留學生姓名錄統計之結果。)

乙 經費

留學經費可分兩項說明：一、經費之規定，二、經費之來源。

當光緒初元留學之始，出國人數甚少，故無普遍的規定，第一次派遣赴美之幼童，規定爲每名來回川資費及衣物等件每名七百九十兩，合現在銀元約一千一百八十餘元，每年食用等項四百兩約六百元上下。閩廠學生則每名治裝五十磅約五百元，川費四百元，每年學費一百二十磅約千二百元。光緒二十九年以後，去東西洋各國留學者日衆，三十一年外務部與學部奏定西洋遊學簡明章程，規定西洋留學生每人每年以一千二百金爲率，同年學部奏定管理留學日本學生章程，對於官費生學費爲普遍的規定，其條文如下：

一、官費生學習普通學科及肄業私立高等專門學校與私立大學者，每人每年學費日金四百圓整。

一、官費生肄業官立高等專門學校者，每人每年學費日金四百五十圓整。

一、官費生有由官立高等學校畢業升入官立大學者，每人每年學費五百圓整。其入官立大學祇習選科者，每人每年學費四百五十圓整。

一、由官立高等學校畢業升入官立大學之學生，除支給學費外，所需實驗旅行等費，得由副監督酌核支給。(1)

留學西洋各國學費規定如下：

英	每月十六磅	一年一百九十二磅
法	每月四百佛郎	一年四千八百佛郎
德	每月三百二十馬克	一年三千八百四十馬克
俄	每月一百三十五盧布	一年一千六百二十盧布
比	每月四百佛郎	一年四千八百佛郎
美	每月八十圓美金	一年九百六十圓美金

每年學費均照西歷計算，不必計閏。

此係按照入大學專門之學費計算，若新派學生，尚在學習預備者，每月可減去五分之一。京外各處滙寄學費，應將中國銀兩按數合成金磅、佛郎、馬克、盧布等，由外國銀

行滙寄。(2)

民國二年教育部公布經理留學日本學生事務暫行規則，對於學費有下列之規定：

留日官費生月給官費分爲甲乙兩種，規定如左：

甲、月給日幣四十二元，乙、月給日幣三十六圓。前項甲種官費，限於留學日本帝國大學生支給之。

留日官費生畢業回國川資定爲日幣七十元，但邊遠省分各生得由經理員呈請各本省行政公署酌量增給之。（以上原文第十二條）

凡官費生除前條所開之學費外，不得別立名目要求費用。（第十三條）

官費生如染時疫病症非入院醫治不可者，每日得給與病費日幣二元，以二

(1) 學部奏咨輯要第一編

(2) 光緒新法令第十三冊

星期爲限，限內不足之費及限外不能出院，槪由其學費內開支。（第十四條）

官費生如被火災水災確有損害者，經查明屬實得給予恤費日幣四十元。(1)

民國三年十二月教部公布管理學生事務規程，將學費更分爲三級：卽留學日本帝國大學者月給日幣四十二元，留學第一至第八高等及東京高師、高工、千葉醫專月給日幣三十二元，其餘官費生月給日幣三十六元。受災恤費四十元，自費生亦得支領。

斯年教育部並公布經理歐洲留學事務規程，第七條卽爲學費等項之規定，原文如下：

留學歐洲學生往返川資治裝費及每月學費應照下開數目支給

留學國別	每月學費	出國川資	回國川資	治裝費
英國	英金六十磅	本國銀五百元	英金五十磅	本國銀二百元
法國	佛郎四百枚	同上	佛郎一千二百五十枚	同上
德國	馬克三百二十枚	同上	馬克一千枚	同上
比國	佛郎四百枚	同上	佛郎一千二百五十枚	同上

除學費川資及治裝費，無論具何理由，不得另支他項費用。（第十一條）(2)

民國三年教育部公布經理美洲留學生事務暫行規程，定月費美金八十元，出國川資國幣五百元，回國川資美金二百五十元，治裝費國幣二百元。

民國五年十月教育部發布選派外國留學生規程，將留學各國學費改訂，並加入奧國。惟除日本外，其他各國數目無增減。

留學生應支治裝費，往返川資，及每月學費數目定如下表：

留學國	治裝費	出國川資	每月學費	回國川資
英國	本國幣 二〇〇元	本國幣 五〇〇元	英國幣 一六磅	英國幣 五〇磅
法國	同	同	法國幣 四〇〇佛郎	法國幣 一二五〇佛郎
德國	同	同	德國幣 三二〇馬克	德國幣 一〇〇〇馬克

(1) 教育雜誌第五卷第十二號

(2) 同上八號

比國	同	同	比國幣　四〇〇佛郎	比國幣　一二五〇佛郎
奧國	同	同	奧國幣　四〇〇佛郎	奧國幣　一二五〇佛郎
義國	同	同	義國幣　四〇〇佛郎	義國幣　一二五〇佛郎
瑞士國	同	同	瑞士國幣四〇〇佛郎	瑞士國幣一二五〇佛郎
俄國	同	同	俄國幣　一三五羅布	俄國幣　四五〇羅布
美國	同	同	美國幣　八〇圓	美國幣　二五〇圓
日本國	本國幣　一〇〇元	本國幣　七〇元	日本國幣　四六元	日本國幣　七〇元

治裝費及出國川資由教育部在京發給。

每月學費由監督查明各該生行抵留學國之日起算，按月發給，不得預領。

回國川資由監督於塡發證明書發給之。

留學生因研究學術必須巡歷地方或經指定轉學他國等特別情形時，得另酌給旅費，但應先具預算書，呈由監督呈部核准。

留學中罹疾確有醫證者，於學費之外，得酌給醫藥費，但通留學期內，不得過國幣三百圓之數，並應將醫藥各收據，呈送監督核驗。

留學中罹疾至四個月尚未痊愈者，得免其留學，酌給回國川資，但不得超過表定數目。

留學中死亡者，得由監督設法就地殯葬，殯葬之費，不得超過表定回國川資數之一倍，其家屬願自費運柩回國者聽。(1)

民國七年因世界大戰物價昂貴，四月三日由教育部通咨各省留日每名每月增給日幣四元，七月再增給兩圓，共爲五十六元。斯年七月教部並電留歐學生監督准德比生月給五百馬克，英生二十磅，法瑞生五百佛郎。嗣後各國生活程度增高，日本留學生學費照教育部補助費之規定爲每月日金七十圓，浙江省費規定爲每月七十七元，其他各省亦大致相似。江蘇對於美國留學生月費定爲每月美金九十元。而清華對於留美學生學費之規定，更特別優厚，茲錄常道直調查所得之一表於後：

(1) 教育法規彙編頁四二一—二

項目	治裝費	出國川資	每月用費	學費	畢業及學位文憑費	學位論文印費	轉學旅費	醫藥費	回國川資
數目	260圓	無定限約需八百元至一千元	$80	無定限約$100至$700	約$25	$250	由西部轉學東部約$120	無限制	$520

註：圓為國幣，$為美金。(1)

其他為參謀部派遣之學生用費按照各國生活情形臨時規定，海軍部定英生月十六磅，美生八十四元。（民國七年規定）交通部最近規定，更比普通官費（清華除外）為優。（見第九章）

以上為國外留學生費用數目規定的變遷情形。

留學經費之來源各時期不同：光緒初元，留美幼童經費由江海關洋稅項下年撥六萬兩，閩廠學生經費由閩海關及該省撥南北洋海防經費中提用，每三年計二十萬兩。出使大臣帶赴各國學生的經費則由出使經費項下指撥。光緒二十九年，各省派遣

(1) 常道直：留美學生狀況與今後之留學政策。（中華教育界第十五卷九期）

學生去日本習陸軍，師範，法政等均由各該省籌提閑欵或指撥正稅，二十九年以後，學生雖多，但因當時特別獎勵自費之故，自費生居多數。不過日本士官學校及特約學校學生則均爲公費。此項公費按省分攤，前清大概由藩司撥付，民國以後則列爲教育經費之一部分，與其他教育費同由省財政廳支付。此外隸於教育部之留學經費由教部支付，屬於清華生者由清華校費中支付。茲將民國五年之中央及各省留學經費，民國十年之清華留學經費等列表如下：

第一表　留學經費統計表

費別	費數（以元爲單位）	百分比	等第
中央	二三八・〇九二	七・二五	2
直隸	六八・三一二	二・二一	13
奉天	六五・九七二	二・一二	14
吉林	三八・〇〇〇	一・二三	17
黑龍江	四・六五〇	〇・一五	23

山東	六八・七五八	二・二三	12
河南	五八・九〇四	一・九一	15
山西	五二・五〇〇	一・七一	16
陝西	六八・六六九	二・一一	13
甘肅	二八・〇二六	〇・九一	19
新疆	一一・六一九	〇・三七	22
江蘇	一三一・〇〇〇	四・二六	6
安徽	三二・三八五	一・〇六	18
江西	一二六・〇四八	四・〇九	7
湖北	一三三・一七二	四・三三	5
湖南	一二三・四三〇	四・〇一	8
四川	九七・二七六	三・二三	9
浙江	一三八・一一八	四・四八	4
福建	八二・六四四	二・六九	10

廣東	二二三・三〇一	七・〇二	3
廣西	一八・〇五六	〇・五九	20
貴州	一五・〇〇〇	〇・四九	21
雲南	七七・七二八	二・五六	11
清華	一・一五〇・〇〇〇	三七・二〇	1
總計	三・〇四一・六五〇		

說明：此表各省及中央留學經費係根據賈士毅所著之民國財政史第九七九頁至九九九頁彙集而來，清華經費係根據新教育第六卷第一期之統計。此表之留學經費係包括東西洋及留學經理費而言，黑龍江並包括京津留學費在內。新疆經費係完全爲留俄之用。

此每年三百〇四萬一千六百五十元之留學供給的學生爲各省留歐學生三百一十八人，留日學生一千〇七十五人；(1)教育部留歐美生三十五人，日本生十三人。(2)此外清華生四百五十五人，(3)共計歐美生八百〇八人，日本生一千〇八十八人。但據民國九年留日學生總會調查，留日學生總計三千八百餘，除官費生一千二百四十人外，餘二千六百餘人均爲自費生；民國十三年留美學生一千六百三十七人有自費生千〇七十五人。又歐洲各國留學者自費生亦多於官費數倍：據華盛頓商務局調查中國在英學生二百五十人，法國千餘人，德國三百餘人，其他各國雖較少，但合計總有數十人，總共歐洲生當不下千六百人，而官費生只三百五十三人，自費生尙有千二百餘人。照此粗率的統計，留學生總數約七千餘人，而自費生達五千，佔全數三分之二以上。若以各國留學生用費數目估計自費生用去之經費，可得數目如下：

(1) 據中華教育界第十五卷第九期陳啓天留學教育宗旨與政策轉錄教育部行政紀要第二輯之統計表。（原文未註來源，後經詢及，由著者面告）全表並見本書第十五章中。

(2) 據中國年鑑教育部民五統計：歐美學生計美國德國各三人，法國二十人，英國十一人。

(3) 據新教育六卷一期。清華留美學生本有較近之統計，因經費以該誌爲斷，學生數亦取該誌之統計，但與民國十三年之新統計數目（四三三人）相去甚近。

1、日本每人每月七十元（現在日幣換中金爲九一五，價值相去不遠。）加旅費雜用等每人每月八十元，全年九百六十元，以自費生二千六百五十人計，每年應二百五十四萬四千元。

2、美國每月以美金九十元計，折中金一百八十元，加費旅每人每月算中幣二百二十元，全年二千六百四十元。一千〇七十五人，每年應二百八十三萬八千元。

3、歐洲學生平均每人每月連旅費以百六十元計算，全年應一千九百二十元，以千二百五十人計算，每年應二百四十萬元。

三項總計共得七百七十八萬二千元，連官費三百〇四萬一千六百五十元，共爲一千〇八十二萬三千六百五十元，外加交通部學生七十名，每年二十萬元，共一千一百〇二萬三千六百五十元，共學生七千二百名。而全國高等教育經費只一千三百九十五萬〇四百二十四元，(1)留學費爲全國高等教育費百分之七十九。換言之：國外留學生每人每年需一千五百元以上，國內高等學生只需四百上下，就經濟方面講，不是一大可注意的問題嗎。？

(1) Statisticae Sumaries of Chinese Education (Bulletins on Chinese Educehon, 1923 商務)

第十二章　留學管理

光緒二十八年以前，除出使大臣隨帶之學生人數甚少無專人管理外，其餘均派專員監督。初派幼童赴美國外，既派陳蘭彬、容閎，爲正副委員經理一切，國內並在滬設辦事處專司選拔學生。因幼童年幼學淺，並派翻譯及教員隨之出國，教以孝經、小學、五經及律例諸書，星期並由委員宣講聖諭廣訓，示以尊君親上之義。此時學生除按時修習功課外，消極方面有三種限制：1、不准半途而廢，2、不准入籍外洋，3、學成後不准在華洋自謀別業。不過光緒七年，因委員吳子登底頑固，卒由政府招回，實政府使之半途而廢；至入籍外洋與在國外終老者亦不乏人。

閩廠學生與武弁均因出國時間不長，且由李鴻章始終主持其事，故中途不生波折。武弁生去德因人數甚少，且由德國教員李勱協帶往，未派專員監督，閩廠學生則派李鳳苞與日意格（法人）爲華洋監督，不分正副，分駐英法督促學生學業經理一切費用。

光緒二十一年至二十八年之間，浙鄂等陸續派遣學生去日，亦派專員監督，二十八年留日學生漸多，因保送成城學校事大鬧使館，致召日警挾掖而出，(1)學生既以爲有失國體，日人亦覺管理中國學生應有中國負責，於是外務部根據專使大臣載振調查遊學生滋事專摺奏請設日本遊學生總監督，時爲二十八年八月；首先被選之監督爲外務部員外郎汪大燮。此事外務部奏議言之甚詳，茲摘錄於下：

> 查近來屢奉詔飭各省逐派學生出洋肄業，並准自備資斧前往，士皆競奮於學，不憚負笈出游。日本地近費省，趨之者尤衆。其官派學生各省，或有委員監督，或無委員監督，自費學生則自保送入學後，並無約束。情誼既難聯絡，規制亦未整齊。出使大臣雖有稽查照料之責，而交涉事繁，兼顧實難周到。該學生等分疏勢隔，且

(1) 載振奏覆日本游學生滋事摺說：中國游學日本學生人數日多，由各省督撫咨送到日者爲官派

學生，其自備資斧東來游學者，謂之自費學生。向皆安分守己，勉學精進，日人頗稱道之。分派同文宏文成城等學校安插肄業，漸升至大學及專門學校，分類講肄，以期有成。惟成城學校爲士官初階，所習以武備爲主，非由駐日使臣保送，不得自請投學。諸生目擊時艱，意圖振奮，頗有願入成城學校者，故無論官生自費生，前均保送有案。此次有自費學生鈕瑗等五人，願入成城學校，適有候補京堂吳汝綸經大學堂派令查考學校來日，該生等即浼其商請蔡鈞，具文保送。蔡鈞令各學生自行環保，即允轉送，諸生以蔡鈞並無難色，遂聯同志增至九人，書具互保甘結，送入使署。蔡鈞以人數太多，將該生等原結送至日本參謀部署，該部以與向例稍爲不符，函復該大臣，請其親自具函保送。蔡鈞以時值溽暑放假，參謀部大臣福島避暑他出，未即舉辦。諸生疑蔡鈞有意阻撓，於六月二十四日巳初，約同江蘇舉人吳敬恆孫揆均等二十餘人，赴使署請見。蔡鈞以其人衆未肯接見，該生等忍餓鵠立，日昃不散，蔡鈞卽遣人邀吳汝綸及日本外部繙譯小村光太郎到署勸解，並招警察官至使署彈壓。諸生見警察官入署，以爲脅己，未免口出重言，堅不肯退，直至夜分，蔡鈞卽囑警兵將諸生拔入警署，於是人情洶洶；或謂其辱及斯文，或謂其自招警兵入署，有失國體。次日復有學生數十人，同赴使署。蔡鈞已先期屬令警兵守門，大半摽諸門外。其已入者，復經警兵扶掖而出。此事始終本末，大略如此。（約章成案匯覽卷三十二下）

慮下情無以上達，一涉猜嫌，轉生糾葛，自非特設專員總司其事，不足以端正其趨向，策勵通才，仰副朝廷作育裁成之至意。此次載振過日本時，見其外部大臣小村壽太郎，卽以選派博學愛才之人充總監督駐紮是邦為言，臣等屢晤日本駐京使臣內田康哉，及其高等師範學校長嘉納治五郎來京，皆述游學生各節，望中國派員監督，妥定章程，俾各學生免誤方向，學業有成，以備將來任用。其詞意俱甚切摯。聯友邦維持之誼，慰多士仰望之心，責成尤在得人，造就方有實效。臣等公同遴選，查有四品銜臣部員外郎汪大燮，品端學裕，器識宏通，隨使出洋，辦事妥洽，於日本遊學生情形，尤為稔悉。擬請派為總監督，前往駐紮，所有官派自費各學生統歸管轄，令商日本外部文部參謀部妥定章程，隨時認眞經理，遇事徑達臣部，應請將該員賞給卿銜，由臣部刊給木質關防一顆，文曰大淸管理赴東洋遊學生總監督之關防，以昭信守，准其酌帶隨辦文牘及翻譯共二三員，所需薪水用項，每歲准支銀二萬兩，由出使經費內提撥，三年期滿，再行奏請更換，隨帶人員屆時照出使章程請奬。(1)

光緒二十九年四月慈禧太后令張之洞擬訂約束學生章程，張於八月擬訂約束學生鼓勵畢業生章程各十條。自行酌辦立案章程七條，由外務部學部通知出使大臣，留學生監督執行。此項章程雖未指明專爲留日學生而設，但實際上却指留日學生。約束學生章程爲以後各種管理遊學生章程之張本，自行酌辦立案章程卽自費生管理生規程，茲併錄其全文如下：

約束遊學生章程

1、此次章程奏定後，以後續往日本遊學學生，無論官費生私費生，並無論日本官設學堂私設學堂，均非出使大臣總監督公文保送不准收學。而該官私學堂自行收留者，將來畢業概不給以獎勵。

1、總監督保送學生入私設學堂須經文部省認可其教育程度與官學堂相等者方爲合格。惟經文部省認可之專爲中國學生設立之豫備學堂，（如宏文

(1)（約章成案覽匯卷三十二下）

書院等）其章程雖多變通，亦可保送。其獎勵年限應歸普通高等各學堂核計。

1、遊學生在學堂中品行應歸學校考察，其在外言動舉止如有不軌於正之據，經中國出使大臣總監督察訪得實，隨時知會該學堂商酌，務減其品行分數。

1、遊學生在各學堂非實有病症，概不准輕易請假出外，及雖在學堂而託故不上講堂，應請與日本學生一律督責，勿稍寬假。

1、學生在學堂時，應以所修學業爲本分當爲之事，如妄發議論，刊布干預政治之報章，無論所言是否，均屬背其本分，應由學堂隨時考察防範，不准犯此禁令。如經中國大臣總監督察訪留學生中有犯此令之人，隨時知會該學堂，應即剴切誡諭學生，立即停輟。如有不遵，即行退學。

1、凡現在已留學堂學生，無論官費生私費生，查有過犯及品行不端者，經中國出使大臣總監督知會該學堂請爲斥退者，日本學堂應即照辦。如日本官私學堂並不照行，仍聽留學者，畢業後亦概不給以獎勵。

1、各省所派官費生及私費生往日本遊學者，經本省督撫查有不安分品行不端之人，隨時咨明中國出使大臣總監督，轉達日本各學堂，請爲斥退者，日本各學堂亦應照辦。

1、學生於功課之暇，如有編輯教科書及譯錄所習科學之講義，及繙譯有裨實用之書，自不在禁例。此外無論何等著作，但有妄爲矯激之說，紊綱紀，害治安之字句者，請各學堂從嚴禁阻；或經中國大臣總監督查有憑據，確係在日本國境內刊刷翻印者，隨時知會日本應管官署，商酌辦法，實力查禁。其汚蠛人名節者，經本人或本人委託之人按律在日本應管官署指控查實後，仍行懲辦。

1、中國遊學生會館辦事有紊綱紀，害治安及不安分之事者，應由出使大臣總監督咨會日本應管官署，隨時查禁，嚴加裁制，務期杜絕流弊。

1、凡現在日本各學校及已經退校之中國留學生，如確有紊綱紀，害治安及不安分之事者，應由該官員嚴加約束。如察其無悛改之望者，卽行飭令回國，不准稍有逗遛。

自行酌辦立案章程

1、現在已入日本官私學堂之中國遊學生，章程內已定明無論官費生私費生均由出使大臣總監督查有過犯及品行不端者，知會該學堂請爲斥退，應卽責成出使大臣監督將現在日本各省之遊學生確加考覈，擇其言行端謹，安分用功之學生，從前未有公文保送者，飭傳各該學生報明三代、籍貫、年歲、出身，取具遵守約束甘結，彙列各該生姓名籍貫，補具公文，分別保送各該學堂，准其留學。其素不安分，有據可憑之學生，亦卽開列名姓，備文知會各該學堂，請其卽行斥退。仍將留學退學各該學生姓名，籍貫，咨明外務部並管學大臣，暨各學生原籍省分督撫查考。

1、將來遊學日本之各省學生，章程內已訂明非出使大臣總監督公文保送不准收學，並訂明私設學堂須經文部省認可，其教育程度與官學堂相等者方爲合格，應卽責成出使大臣總監督，嗣後遊學生入學，須先儘官學堂保送。一面確切訪查文部省認可之各私設學堂其一切教育管理之法，是否認眞，其程度是否果與官學堂無異，細爲比較，擇其名譽最優，確實可信之私學堂，始准保送學生入學，仍酌定限制，每年保送留學生入日本私設學堂者，其人數至多不得過官學生之半，以昭愼重。

1、此次定章以後，各省自備資斧出洋之遊學生，應先由其家父兄或親族呈報本籍或留寓所在地方官，查明本生實係性質馴良，文理明順者，准其申送該省學務處，詳加考驗，稟請督撫覆核，給發咨文，轉給該學生領齎出洋，各衙門辦理出洋學生文件，不准書吏需索分文。

1、凡不遵約束不安本分之學生，商明日本各學堂斥退後，應由出使大臣總監督隨時嚴密稽察，其無悛改之望者，務須查照現定章程，商請日本該管官署勒令該學生附船回國。一面分別所犯輕重，詳叙事由，咨明該學生原籍督撫酌量辦理，並咨明外務部管學大臣查考。

1、保送學生入日本各學堂，除農工商各項實業學堂及文科、理科、醫科各專門不限人數外，其政治法律武備三門，宜分別限定名數，每年祇准保送若干名。武備一門，非官派學生，不准保送，政治法律兩門，亦先儘官派學生保送。如自費學生本係官職請咨前往者，不在限數之列。

1、在日本私設學堂畢業回國之學生，除由出使大臣總監督確查其平日品行果係端謹，科學果係優嫻，始准保送進京候考外，應請欽派大臣考察試驗時，格外認眞查核。其品學兼優者，自應與官學堂畢業生一律給獎，勿庸加以區別；如品行實有可議，科學程度實有不符，卽酌量減其獎勵，以示區別。

1、凡各省選派官費學生出洋遊學，俟畢業回國後，無論得何獎勵，均須在本省當差五年，以盡義務。五年期內概不准另就他省差使，他省亦不得遽請調往差委。(1)

當時各省派遣學生去日雖各有監督管理，但管理通則大概以張所奏定者爲準。光緒三十二年十月，學部以下列種種原因，奏請在出使日本大臣署內設遊學生監督，管理留日學生。原奏說：

(1) 約章成案匯覽卷三十二上。

『日本各種學校完備者固居多數，而專爲中國學生設立之學校，學科參差，辦法遷就者亦所不免，此學校之宜指定者也；求學之道，宜恒宜實，遊學日本各生以無人稽查之故，所入之校視爲傳舍，認定學科，意爲變遷，甚或但往應考而平日潛行回國借鈔講義，而本人並不上堂，此功課之宜查禁也；學生既多，性行不一，年輕子弟見異思遷，僑寓他邦，家敎不及，其以行檢不修，貽笑外人者時有所聞，此品行之宜匡正者也；各省所發學費，向無定數，多少懸殊，或因補額而起紛爭，或因求多而互相藉口，經理既多不便，濫費亦所不免，此學費之宜釐定者也。』

因此數事，故奏請派專員綜理其事，並擬定章程四十條，分總綱、權限、責任、管理條規，設員辦事條規，經費六節。此章程對於張之洞所奏定之約束學生章程雖大有增删，但精神仍係一貫，不過設官條規爲張章所無，張章特別注重轉請日校取締，此則自己管理而已。此案定後，以後歐洲各國遊學生監督規程，卽以此爲本，其一部分精神且延至現在未替，茲錄其重要前四節於後：

第一節　總綱

一、於駐紮日本出使大臣署內，設遊學生監督處，爲管理遊學生治事之所。
一、設監督一員，管理遊學生一切事宜，以出使日本大臣兼任。
一、設副總監督一員，由學部會商出使日本大臣奏派。

第二節　權限

一、副總監督承總監督之指揮，辦理所有遊學生事務。
一、凡遊學生事項，有關於外交者，由副總監督稟請總監督主持。
一、凡關於各學校及關於遊學生之事項，副總監督得自行辦理。
一、監督處辦事各員有不得力者，副總監督得隨時稟請總監督撤退。

第三節　責任

一、對於學部及各省督撫應將學生成績高下，功課勤惰，品行優劣據實報告。
一、對於遊學生應負愛護指導糾正扶持之責。

第四節　管理條規

一、凡遊學日本學生無論官費自費，所入學校，非經日本文部省選定及出使日本大臣認定者，概不送學。將來畢業，亦不給證明書。

一、凡遊學日本學生，無論速成畢業普通畢業專門高等及大學畢業，均須有總監督證明書，無證明書者，不得赴部投考，並不得充各省官立學堂教習。

一、凡遊學日本學生入學，退學，轉學及改學科暨請假等事，均須本處認可，其未經認可而擅行者將來畢業，概不給證明書。

一、凡遊學生如有品行不修，學業不進者，經本處查明，卽行勒令退學，並咨回原省。

一、凡遊學生非在本國中學堂畢業及有同等之學力或在日本各普通學校畢業者，不送入官立高等及專門學校；非高等畢業者，不送入官立大學。

一、本處應於每年正二月間查明日本普通各學校年內所有遊學生畢業者若干人，畢業以後，願學何科，願入何校。審定人數，先與日本文部省協商預爲布置。

以上係普通管理條規

一、凡官費生所習學科，雖由本生認定，本處亦得斟酌指派，但須說明指派事由。

一、凡官費生寄宿舍除在學校外，其在旅館下宿或自租房屋者，如本處認爲不適當，得限令遷移。

一、凡官費生學費概照本章程所定數目，由本處按照人數，將學費彙存銀行，每學生各給一簿，由學生按照西歷每月於先月杪（如正月學費於十二月杪支取）持簿赴銀行支取，不得預支。

以上係管理官費生條規

一、凡自費生能考入官立高等或專門學校及大學者，應由總監督商請該生本省督撫，現給官費，其餘官費缺出，概不補入。

一、凡自費生先有名籍在使館，而又能遵約束者，如有資斧不繼，經總監督查明屬實，得在該生本省經費項下撥借，至多不得過五十元，限兩月清還。惟撥借之時，須有官費生三人保證，如逾期不還，卽於保證人名下按數勻扣歸還，以後該生不得再借。其曾爲人保證有應代還之款未及還淸者，不得再充保證人。

以上係管理自費生條規

斯年十一月十三日對於管理官費與自費生規程又各增二條如下：

管理官費生規程

一、凡官費生患病非入醫院不可者，應入監督擇定之醫院，醫費一切宜從節約，由副總監督派員與醫院淸算，毋庸學生經手；其可不必入醫院者，概不給費。

一、凡官費生旣入醫院，學費卽行停止，俟其出院入學再行發給。

管理自費生規程

一、凡自費生先有名籍在使館，而又能遵約束者，如有疾病入醫院，已逾三月之久，資斧不繼，自願回國者，總監督得在該生本省經費項下，酌給川資五十圓；但以一次爲限。

一、凡自費生有死亡者，由總監督分別路途遠近，於該生本省經費項下，撥

給棺斂運柩費，惟至多不得過三百圓。(1)

斯時監督署官制爲監督一員，由出使大臣兼任，副監督一員由學部與出使大臣會商奏派。光緒三十四年九月因出使日本大臣胡維德回京，進言學部，謂出使日本大臣向來兼遊學生監督名目，管理遊學生爲使臣職內之事，用不着再兼總監督名目，主張將總副監督一律裁撤，另設專員禀承使臣辦理管理遊學生事宜。學部採其議，將原有章程重新改訂，將監督改由學部會商出使大臣於使館參贊內遴選奏派，其他無大變更。

光緒三十三年五月因各省派往英法德俄比各國遊學者漸多，江鄂兩省尤衆，兩江總督端方與鄂督張之洞會奏請將江蘇淮揚道蒯光典開缺，派往歐洲充江鄂兩省遊學生監督；十一月學部因遊歐學生日多，學生管理固當有規程，而監督之責任與權限亦宜釐訂，特奏請派蒯光典管理各省旅歐學生，並於其到歐後斟酌情形詳訂管理

(1) 學部奏咨輯要第一編

章程。宣統元年，削以一人兼管旅歐各國學生，力有不逮，且遊學監督不歸使臣節制，交涉時未免扞格，故他主張倣日本遊學監督處辦法，在各國使署中分設遊學監督處。學部於斯年九月本其意見，會商出使各國大臣，奏派候選同知王繼曾往法，候選直隸州知州江國珍往德，翰林院庶吉士章祖申往俄，學部七品小京官高逸往比並兼英國遊學生監督，均任期三年。宣統二年三月，學部奏定管理歐洲遊學生監督處章程，分總綱，權限責任，管理條規，經費五節，大體以管理日本遊學生章程為本，所不同者只總綱與管理官費生自費生條規有差異耳，茲摘錄如下：

第一節　總綱

一、於英德法俄比五國各設一管理遊學生監督處，為管理遊學生治事之所。

一、英德法俄比五國遊學生監督處事務，由各該出使大臣董理一切。

一、英德法俄比五國各設監督處一員，由學部遴選通曉學務人員，商同出使大臣奏派。

一、除以上諸國外，未設監督處之各國，所有遊學生事務，均歸相距最近之監督處兼管。

第四節　管理條規

一、遊學歐洲之官費學生，以已入大學習醫、農、工、格致，四科之專門學者爲限，習法政文商各科者，雖入大學，不得給官費。至未入大學之學生，以後概不得給予官費。

一、前項學生既至某國，入某校，給官費之後，不得改赴他國遊學，並不得改校改科，違者卽應停止官費。

一、前項學生在歐洲留學之期，至少三年至多不得過七年，如至七年而猶不能畢業者，應卽停止官費。但大學畢業後，再加特別研究者，不在此限。

一、前項學生未經畢業之際，除係重病經醫生驗明不能修學外，概不准私自輟學回國，違者停止官費，並追繳以前所用官費；其因重病回國者，病愈之後，亦不得復給官費游學。

以上管理官費生條規

一、自費生能考入大學專門學校習農、工、格致、醫科，經總監督查明確能循分力學，成績優異者，由監督處咨明本省，酌量補助學費。

一、自費生在大學或專門學校爲旁聽生，及入學時不依該校考試定章，平時不應學期試驗，將來畢業時不能得學位及畢業文憑者，不得給予官費，但已經得有學位及畢業文憑，更加特別研究者，不在此限。

以上管理自費生條規(1)

此規程與管理留日學生規程之最大區別：(1)留日官費生無科目之限制，而歐洲生則以醫、農、工、格致（理科）爲限，(2)日生修業年期無一定限制，歐生則限以三年至七年，(3)日生有醫藥費，歐生無之，(2)(4)日生自費生者得貸費，歐生無之，(5)歐洲有研究

(1) 學部奏咨輯要續編

(2) 該章程第五節第七條規定說：前項學費係將校内之書籍、實驗，及校外之飲食、房屋、衣服、旅行、醫藥等費一併包括在內，概不另發，亦不准別立名目，增給費用。

生之規定，日本無之。

民國成立，因絀於經費，留日留歐遊學監督處均經取消，但因國外學生甚多，關於交涉，管理等事終不能無人負責，故民國二年八月教部發頒經理歐洲留學生事務暫行規程，將從前分駐各國管理遊學生監督取銷，而派一經理員經理歐洲各國學生學費事項。其職權之規定如下：

歐洲留學生監督裁撤後，由教育部特派留學生經理員一人，經理留學各國學生學費事項；惟俄國學費，由使署兼管，不歸經理員發給。（第一條）

經理員除經理學費事項外，教育總長得隨時飭令調查左列各款：一、關於學生成績事項；二、關於各處學校情形；三、關於學術事項。（第二條）

經理員設事務所於比利時國。經理員應得將事務所及住址呈報教育部及通告各省各機關之委託經理員代辦者。（第三條）

經理員應於每學年開學一個月內，將官費學生人數分別學校呈報教育部或通告原派省分機關備查。（第十六條）

經理員於每學年終，將次年官費生應行畢業人數詳細調查，先行呈報教育部或通告各省及各機關備查。（第十七條）

經理員每月薪俸定爲四百五十元，書記薪俸一百五十元事務所辦公費一百元，此外不得另支公費凡發電滙款等費及因公前赴各國川資宿費，得核實報部呈請補給。（第十八條）(1)

當光緒三十三年，歐洲初設遊學生監督時，每年經費三萬八千兩，宣統元年分派法德俄比英五國監督，將原有經費分攤，每處尚有銀七千六百兩，此次改爲經理員管理全歐遊學生費用，不及從前一國之鉅，而職權更以經理學費爲本位，對於學生無監督管理之可言，此爲留學管理中之一大變遷。

民國三年一月，教育部公布經理留學日本學生事務暫行規程，雖亦稱爲經理員，但其職權重於留歐學生經理員；而且因留日學生太多，中央派一經理員外，各省並得

(1) 教育雜誌第五卷八號

派人經理，其重要規定如下：

留日學生事務，由教育部及各省行政公署分別派員經理之，（第一條）

經理員除教育部委派一人外，其餘各省或每省委派一人，或數省合派一人，由各省查核學生人數酌量辦理。（第二條）

部委經理員經理屬於中央之官費生留學事務；省委經理員經理屬於各本省之官費留學生事務。

自費生留學事務，經理員應查照留學日本自費生暫行規程辦理（第三條）

經理員應辦事務規定如左

一、關於官費自費生送學事宜。二、關於官費生發費事宜。三、關於考核證明官費生出入留學國境日期及收驗官費生證書公文事宜。四、關於考核官費生之品行及學業各事宜。五、關於留學事項應行報告各事宜。六、關於教育總長或各省行政長官或駐日公使臨時委任各事宜。（第七條）(1)

(1) 教育雜誌第十五卷第十二期

照此規定，經理員對於學生有監督管理之權，與從前之監督無甚差別。民國三年八月，教育部更頒布經理美洲留學生事務暫行規程，其辦法與經理歐洲留學生者相似。

民國三年十二月教育部公布管理留日學生事務規程四十條，卽將前項暫行規程三十二條廢止。此次改訂之最重要者：⑴將中央之經理員改爲部派監督；⑵各省經理員對於部派監督爲從屬關係；⑶部派監督得詳請教育總長撤換經理員之不稱職者，留學生送學事項之在日本文部省直轄之高等專門學校及帝國大學統由部派監督辦理，其他各校由部派監督或各省經理員分別辦理。⑷部派監督規定薪俸三百元，辦公費二百元。此次由經理員改爲部派監督由於駐日公使陸宗輿函稱經理員爲庶務性質而發也。民國七年十月，更將留日學生監督處擴充，設簡派之監督一人，支薪六百元，外辦公費二百元，郵電雜費五百元，薦任待遇科長三人，委任待遇科員十人。

民國四年八月教育部公布管理留歐學生事務規程；五年三月公布管理留美學生事務規程，各三十七條，將前項暫行規程廢止，辦法與管理留日學生者，相似而較簡，惟無各省經理員而已。組織極爲簡單，兩處均只監督一人，歐支薪五百元，美支薪四百元，各辦公費每月國幣三百元；監督可延用書記，但薪俸在辦公費項下開支。較之留日學生監督處之大規模的組織，相去甚遠。

此外清華學校因美國退還庚子賠欵而設立，當時係外務部董理其事，故該校至今隸屬於外交部。該校留美學生甚多，特設駐美遊學監督管理之，其規章異於教育部所訂定者，茲錄其重要者如下：

駐美遊學監督處爲清華學校派出機關，其一切重要事務，應直接商准清華學校校長辦理。（第一條）

駐美遊學監督處，應在華盛頓租賃房屋，爲辦事之所。（第二條）

駐美遊學監督處經理清華學校所派遊美學生費，月費，川資，暨已核准之自費生津貼，並考核課務，約束風紀，及統計報告庶務一切事宜。（第三條）

駐美遊學監督處一切辦理情形，應隨時報告清華學校校長，如遇有與美國官廳交涉事宜，非駐美游學監督所能直接辦理者，得商請駐美公使酌量辦理，並

應報告清華學校校長。（第四條）

監督由清華學校校長選聘，呈明外交部總次長核准，其餘各員由清華學校校長選派。（第六條）

監督之職務

（甲）監督代表清華學校校長總理該處一切事務，並指揮監督處所屬各職員。

（乙）對於清華遊美學生之德智體三育，負考核誘導督率之責。

（丙）代清華學校物色相當人材，薦充教職員，並開送名單，以憑審擇。

（丁）每年須出巡各學校，並將情形報告清華學校校長。

（戊）協助清華學校職業介紹部，清華校友進行一切，並與美國大工廠及實業家互通聲息，俾資贊助。

以上第一章總綱

駐美遊學監督處，應於每年三月十月兩期內將官費津貼各生人數，分別學校，學科，年級，及成績，列表彙報清華學校備查，表式另訂之。（第十六條）

官費津貼各生畢業，輟學或回國，或留美時，駐美遊學監督處應即將該生曾入之學校及學業之成績或回國之日期，或遊美之住址職業報告清華學校備案。報告單式另訂之。（第十七條）

所管之官費學生按月由駐美遊學監督處查照遊學章程發給月費，同時附寄空白收據三聯，令其依式塡就寄回監督處，以一聯存查，餘寄清華學校核報。（第十八條）

所管之官費學生所需之學費，試驗費，健身費，學科應有之實地調查費，以及畢業證書費等項，由駐美遊學監督處查照遊學章程直接支給。（第十九條）

所管之津貼學生津貼，按月由駐美遊學監督處查照清華學校核定之金額，分別發給收據照第十九條辦理。（第二十條）

遇有臨時發生爲本章程所有未載之事項，必須補助學生者，該監督得於預算範圍內，酌量情形辦理。（第二十一條）

駐美遊學監督於事務緊急不及函達時，得酌量發電，但字宜從簡，發電時應一面具函詳陳，以昭核實。（第二十二條）駐美遊學監督，對於清華學校及清華學校對於該監督往來文件，統以漢文爲主。（第二十三條）(1)

清華學生除所領費用較其他官費生充裕外，在管理原則上亦與其他學生相似，惟直接受清華學校校長之支配，不與遊美學生監督發生關係耳。

六十年來之遊學管理條規雖時有變動，但有些通則如(1)學生學業須受監督考核，(2)學生在國外須敦品勵學等卻始終一貫。但實際上這種條文卻少有實行：光緒二十八年吳敬恒等在日本之聚衆滋事，固開遊學生不服約束的先河（斯時尙無約束章程）以後鬧使館辱公使的事情，如民國十年之勤工儉學生，十三年之留日生爭補助費事，也是事實上所常有。最可注意者，除前清初期留學生回國有義務年限之規定外，民國以來所有管理規程，大半詳於經費，對於學生回國服務情形竟未道及。選派留

(1)　清華一覽

學生規程所謂『教育總長認爲必要時研究必須留學外國之學術技藝』亦只是一句『問出不問歸』的空言，而使留學生自己在社會上亂碰，實在最不經濟。

自光緒二十九年張之洞奏定自行酌辦立案章程以來，私費生之管理卽較官費生爲寬，而民國時代更爲寬弛；資格限制既特別低，學業成績更不問，民國三年一月公布之管理留學日本自費生暫行規程，只有中學以上學校畢業與中學以上教員之限制，民國十三年七月公布之管理自費留學生規程，則將第二條改爲辦理教育事務二年以上者，學力絕對不問，只要經濟上能自己供給者均可出國爲留學生，因而自費留學生亦特多。

管理留學生歷史，還有禁止與外人結婚一條，雖不列於管理規程之條文中，但明令禁止者凡三次：第一次爲宣統二年三月，禁止官自費未畢業生與外國人訂婚結婚，限制的方法爲畢業時不給證明書，官費生並追繳學費，其理由爲廢業，耗資，忘國；(1)第二次爲民國七年二月特禁官費生，(2)第三次爲民國七年七月，官自費生同禁，對官費生尤嚴。(3)但實際留學國外之官費自費生與外人結婚而携妻室回國或竟不回國者不在少數，此種法令亦等具文。

(1) 學部原奏：『近來東西洋遊學生時有與外人結婚之事，此事在尋常僑民，本可不必禁止。惟在遊學生則當修業之際，家室之累重，卽學問之念輕，一弊也；外洋女子，習尙較奢，而遊學生之學費有限，贍養旣多所耗費卽學資易致不給，二弊也；遊學生旣娶外國婦女，易有樂居異域，厭棄祖國之思，則雖造就成材，而不思歸國效用，亦復何裨於時艱，三弊也。查東西各國結婚之期，本皆在學成以後，未有學未畢業，先求家室者。況乎中國派往之遊學生，尤當克苦求學，豈容遽就宴安。臣部現擬咨行東西各國出使大臣，嗣後遊學生未畢業時，均禁止其與外國婦女訂婚及結婚，違者畢業時不給證明書，官費生並追繳學費，以戒怠荒，而勵進修。』

(2) 敎育部通咨云：留學生與外國人結婚一節，於國家於個人均有損無益，嗣後如再有官費生與外國人結婚情事，應卽停止官費，以儆怠玩，而肅學風。

(3) 敎育部通咨云：學生與外國人結婚流弊滋多，其在官費學生，尤屬不合；嗣後有身隸學籍，來館請給證書結婚者，逕予拒斥；如在官費學生，幷請咨報告本部，一面就近知照外學生監督，加量懲處，仍由本部訓令各學生監督，詳查前次申令禁止以後有官費學生私犯令章者，切實開除，以昭炯戒，

第十三章　留學獎勵

中國自明以來卽以科舉取士，科名之虛榮心深入人心，人民之受敎育均以獲得科名爲目的，遊學去國萬里，較之國內求學更爲艱難，無特殊獎勵，自難鼓舞。所以曾國藩李鴻章初次派遣幼童去美，卽規定『每年回華三十名由駐洋委員臚列各人所長，聽候派用，分別奏賞頂戴官階。』以後閩廠學生與武弁回國均有職官獎勵。光緒十六年以後出使大臣隨帶之學生三年期滿，並可保道府。庚子而後，舉國以變法自強爲事，遊學尤爲培植人材之唯一要政，故光緒二十年留日學生滋事，政府以出洋學生流弊甚多，應籌防範之法，於二十九年四月面囑張之洞擬訂約束鼓勵出洋學生章程各十條，爲獎勵游學生有定章之始。其章程爲以後各種獎勵游學生規程張本，其原文如下：

1、中國遊學生在日本各學堂畢業者，視所學等差，給以獎勵，但須由中國出使大臣總監督查明該學生品行端謹，並無過犯，出具切實考語，咨送歸國，由欽派大臣詳加察核，果係品行端謹，毫無過犯；並按照所學科目，切實詳細考驗，果係所學等差，確與所得學堂文憑相符者，再行奏請獎勵。

1、1、在普通中學堂五年畢業，得有優等文憑者，給以拔貢出身，分別錄用。

1、在文部省直轄高等各學堂暨程度相等之各項實業學堂三年畢業，得有優等文憑者，給以舉人出身，分別錄用。

1、在大學堂專學某一科或數科畢業後，得有選科及變通選科畢業文憑者，給以進士出身，分別錄用；其由中華學堂畢業徑入大學堂學習選科，未經高等學堂畢業者，其獎勵應比照高等學堂畢業生辦理。

1、在日本國家大學堂暨程度相當之官設學堂之中畢業，得有學士文憑者，給以翰林出身。

1、在日本國家大學院五年畢業，得有博士文憑者，除給以翰林出身外，並予以翰林升階。

以上所列之外，在文部大臣所指准之私立學堂畢業者，視其所學程度，一體酌給舉人出身，或拔貢出身。

1、遊學生原有翰林進士舉人拔貢出身者，各視所學程度，給以相當官職。

1、凡畢業學生首以品行爲貴，應請各學堂注重學生品行與各科學一律比較分數，必所定品行分數滿足，乃爲及格。

1、遊學生於各學堂畢業年限，係與日本學堂原定本科畢業年限毫無短減，不得別自爲班，希冀速成。

1、此次定章以前已經畢業回國之各省官派學生，均照此次章程由各省督撫考查其品行心術，如實係端謹無過者，考驗其所學程度，查驗文憑，實係相符者，卽照新章給以出身，已有出身者給以相當官職。其學速成科畢業減短學科年限者，應查明所短年限令以回國後當差勞績之年資補之。扣足年限，亦一體給以出身，或相當官職。凡定章以前之畢業回國學生，其中如有請賞舉人者，俟准奏後應咨送京城由管學大臣覆試。(1)

光緒三十一年六月學務處考驗北洋學生金邦平等奏請殿試予以出身，(2)與試者一榜及第。以後遊學畢業回國者日多，而且回國後大半供有要差，不能隨時考驗，於是學部於光緒三十二年四月奏定每年八月舉行考試一次，與考資格以畢業外國專門以上學校者爲限並於八月奏定考驗遊學畢業生章程五條如下：

一、考試分兩場，第一場就各畢業生文憑所注學科，擇要命題考驗；第二場試中國文，外國文。

一、第一場每學科各命三題，作二題爲完卷，第二場試中國文一題，外國文一題，作一題爲完卷。

一、考卷由襄校分閱評記分數，再由學部大臣會同欽派大臣詳細覆校，分別最優等，優等，中等。

(1) 約章成案滙覽卷三十二上。

(2) 光緒政要：光緒三十一年六月予出洋學生出身諭云：本日引見之出洋學生金邦平，唐鍔均著給予進士出身，賞給翰林院檢討，張鍈緒曹汝霖錢承鋕胡宗瀛戢翼翬均著給予進士出身，按照所習科學以主事分部學習行走，陸宗輿著給予舉人出身，以內閣中書用，王守善陸世芬王宰善高淑琦沈琨林棨均著給予舉人出身，以知縣分省補用。

一、畢業生考列最優等者，給予進士出身，考列優等及中等者，給予舉人出身，均由學部開單帶領引見請旨。

一、畢業生准給出身者，並加某學科字樣，習文科者稱文科進士，文科舉人，習法科者，准稱法科進士法科舉人，醫科理科工科商科農科倣此。(1)

斯年九月卽案此規程考驗遊學畢業生陳錦濤等，並賞給進士及舉人等科名，(2)爾時在國外專門學校畢業回國者不多，故均能一榜及第。後因日本專門以上學校，常爲中國學生特設班次，其學校雖名爲大學或高等專門，但特設班次之程度甚淺，其他如外國人在國內設立之大學，其程度也與各該國本國大學之程度相去甚遠，而遊學考試既爲出身的捷徑，這些學生，也隨之報考，學部恐其過濫，特於光緒三十三年五月奏請限制上述各校之學生均不能視爲遊學畢業，一體送考。同年十一月因進士館出洋學生回國，並定進士館遊學畢業學員考試章程，其辦法與三十二年之章程大概相似，最重要之異點，卽不准遊學未滿三年之速成生與試。

光緒三十一年至三十二年兩年考試遊學畢業生，因閱卷無專才與鼓勵游學生之故，考試既不謹嚴，且將學業試驗與入官試驗混為一事，凡考試及第者均予以進士舉人分發各省。輿論既有不滿，(3)光緒三十三年十二月學部更奏定廷試章程十一條，

(1) 學部奏咨輯要第一編。

(2) 光緒政要三十二年九月賜遊學生畢業出身諭云：本日學部帶領引見之考驗遊學畢業生陳錦濤著賞給法政科進士，顏惠慶賞給譯科進士，謝天保賞給醫科進士，顏德慶賞給工科進士，施肇基賞給法政科進士，徐景文賞給醫科進士，張煜全賞給法政科進士，田書年賞給法政科舉人，施肇祥賞給工科舉人，陳仲篪賞給醫科醫士，王季點賞給工科舉人，廖世綸賞給工科學人，曹志沂賞給醫科舉人，黎淵賞給法政科舉人，李應泌賞給醫科醫士，王鴻年賞給法政科舉人，胡振平賞給法政舉人，王榮樹賞給農科舉人，路孝植賞給法政科舉人，薛錫成賞給法政科舉人，周宏業賞給法政科舉人，陳威賞給法政科舉人，權量賞給商科舉人，董鴻禕賞給法政科舉人，稽鏡賞給法政科舉人，富士英賞給法政科舉人，陳耀典賞給農科舉人，羅會坦賞給農科舉人，傅汝勤賞給醫科醫士，陳爵賞給商科舉人。

(3) 羅振常：論考試留學生之宜注意（教育世界第一百三十八期）

倣中國舊日考試進士之殿試與外國高等文官考試例，凡經學部考驗奏請賞給進士舉人者，均由廷派分別授職。一切於章程中規定甚詳，茲錄其前九條如下：

一、凡在外國高等以上各學堂之畢業生經學部考驗合格奉旨償進士舉人出身後，每年在保和殿舉行廷試一次，其廷試日期，於八月考驗畢業以後，由學部奏請欽定。

一、於廷試之前一日，由學部奏請欽派深明中國文學及科學並外國文之大員數人，以爲閱卷大臣；倣殿試例，先期在內閣值宿，以便擬題。

一、由學部諮訪明通科學及外國文之京外各官，開單奏請欽派數員，爲襄校官，亦先期在內閣值宿，以重關防。

一、恭應廷試經義一篇，科學論說一篇，其經義題目一道，恭候欽命，科學題目，應由閱卷大臣按應試者之學科門類，每門各擬二題，倣殿試例，恭候欽定。

一、此項廷試試卷由學部備辦，每人各給中文卷本其科學論說願用西文書寫者，先期呈明給西文卷，

一、東西國之醫科，工科，格致科，農科大學畢業生，及各項高等實業學堂畢業者，往往僅以科學見長，不工文字，此項學生，准其僅作科學論說一篇，不必兼作經義。

一、此項游學畢業生之廷試卷，分爲一二三等，中文與科學並能優長者列一等，中文平妥科學優長者列二等，科學優長未作中文卷者列三等。惟一二三各等不必全備，如全係佳卷，不妨盡列一等，如無中文優長者，亦不妨盡置之二三等，不必遷就。

一、此項畢業游學生之廷試卷，由閱卷大臣擬定等第，奏請欽定後，應由學部將該生等帶領引見。其已得有進士出身者，按照二十九年八月升任湖廣總督張之洞議奏奉旨允准鼓勵游學生章程及三十一年考驗遊學畢業生金邦平等成案分別請旨償給翰林主事等官，其已得有舉人出身者，倣照本年舉人考職成案，分別請旨賞給主事內閣中書，小京官，知縣等官。均於排單內按其所入學堂之程度，與畢業考驗及廷試之等第，分別註明，恭候欽定。

一、凡經學部考驗列最優等賞給進士者，廷試列在一等，引見時於排單內註明，擬請旨賞給翰林院編修或檢討；經學部考驗列最優等賞給進士者，廷試列在二等，引見時於排單內註明擬請旨賞給翰林院庶吉士，俟三年期滿，由堂院學士出具考語，奏請分別授職編修或檢討；經學部考驗列最優等賞給進士者，廷試列在三等，與經學部列優等賞給舉人者廷試列在一等，引見時於排單內註明，擬請旨給賞主事，按照所學科目分部學習，經學部考驗列優等賞給舉人者，廷試列在二等，引見時於排單內註明，擬請旨賞給七品小京官，按照所學科目分部學習；其廷試列在三等者，引見時於排單內註明，擬請旨賞給知縣分省試用。(1)

廷試獎勵實官之例一開，與試者更多，光緒三十三年學部奏請限制收考游學生，雖曾規定日本高等以上學校之特設班與外人在國內設立之大學生不能與試，但日本私立大學生卻未在限制之列。而當時日本爲中國學生私立之法政大學甚多，程度

(1) 學部奏咨輯要第一編。

既低，管理更不過問，所以有許多學生名雖在學，而終年在外游蕩，並且插班生甚多。日人貪圖學費，卽出使大臣派員查詢亦密不相告；然而在資格上，他們有了畢業文憑，也可以參與留學畢業生考試學部審知其弊，乃於光緒三十四年八月奏請在日本私立法政大學畢業生之參與游學畢業生考試者，於考試之前，先考普通學大要及日文日語一場，及格後始能應試。宣統元年六月因畢業回國者更多，特訂章程八項，資格文憑與考試程度均有嚴密之規定與檢查更改較重要者為第一、二、三、六四項：

一、考生資格

東西洋游學生應由出使大臣或遊學生監督，將該生等履歷，入學年月，所習專科及預定畢業年限並有無曠課各節，預行列表報部立案，其赴部報考時，應由出使大臣或各省督撫，或各部院堂官備文咨送，出具切實考語，方准與考。東西洋游學生，如係由中學堂畢業，得有獎勵後出洋者，必在外國高等以上學堂肄業三年以上，方准與考；其未由中學堂畢業出洋者，必在外國普通學堂預備一年以上，並在高等以上學堂肄業三年以上畢業者，方准與考。（在高等以上學校此校未畢業而轉入他校者，不得以兩校年限合計；惟學科程度相同之學校，須經出使大臣或遊學生監督允准轉報學部核准者，不在此例。）東西洋遊學生必在大學堂及各項高等專門學堂畢業者，方准與考。凡在外國中學堂中等程度之實業及師範學堂與中國人特設班次之學堂畢業者，均不准與考。其由爲中國人特設班次之學堂肄業，轉入高等學堂之第二三年級者，或由校外生畢業編入高等學堂之三年級者，亦均不准與考。凡選科畢業生，如其所習學科，不及該學堂所定各科四分之三者，（設如某學堂所定應習之學科共十六種而該生所選習之學科不及十二種）不准與考。

二、查驗文憑

遊學生赴部報考，應將畢業文憑及監督處證明書並筆記譯述等項，呈明候核；其在本國學堂或外國學堂得有普通畢業文憑者，一併呈驗。

三、預行甄錄

遊學畢業生無論有無普通學，畢業文憑，均預行甄錄一場，試以外國語文，並該生專科所需之普通學。（如法政文科之地理歷史，及格致工科之理化算學。）其平均不及五十分者不准與正場考試；甄錄未取者准於下屆再與甄錄，惟以一次爲限。

六、分等給獎

此項考試等級照奏定學堂章程分別最優等，優等，中等；考列最優等者，獎給進士，考列優等及中等者，獎給舉人，均由學部開單奏請驗看，恭候欽定。獎給進士舉人者，並加某學科字樣；習文科者則稱文科進士舉人，其法政科商科工科格致科農科醫科倣此。凡考試不及格者，准於下屆再應考試，准以一次爲限。(1)

宣統三年四月遊學畢業生考試，獲七品小京官者三百餘人，分配各部，擁擠不堪，於是由學部奏請改爲卽用知縣，分發各省，七月各學堂實官獎勵停止，遊學畢業生廷試亦決定於第二年取銷，斯年秋，武漢事起，滿清推倒，遊學生之科名與實官獎勵，也隨

(1) 學部奏咨輯要第二編。

滿淸帝國而消滅。

民國成立，一切科名均經取銷，而且受教育被視爲人生的義務，實官獎勵制度，當然消滅。但民國四年袁世凱爲大總統時，卻曾考試遊學畢業生一次。當時由政事堂擬訂辦法：先定文憑分數，在西洋頭等大學及日本官立大學卒業之學士文憑八十分，在日本官立大學選科私立大學本科及官立高等專門卒業者七十分，在日本官立專門及私立大學之專門部卒業者六十分，(1)再根據各人所習之科目分別命題考試。與試者一百九十二人，落第者四十一名，共取一百五十一名，除甲乙丙三等外另有超等：計法科甲等六名，乙等九名，丙等二十八名，文科甲等五名，乙等三名，丙等二名，理科超等乙等各二名，醫科甲等二名，乙等丙等各一名，農科超等二名，甲等七名，乙等六名，丙等二名，工科甲等十一名，乙等十名，丙等二名，商科超等三名，甲等九名，乙等十七名，丙等九名，礦科超等一名，甲等乙等各四名，丙等三名。當時科舉出身的名目雖經取銷，但另有卿，大夫，士種種特殊名目，留學生考試及格之超等胡文耀等授上士，甲等許翥世等授中士，乙等劉良濬等授少士，丙等王鼎新等授同少士。袁世凱死後，此種考試亦不再舉行，此種奬勵亦從而終止。民國七年九月敎育部公布留日官自費生奬勵章程，奬勵品爲金錢，其重要規程如下：

一、勤學奬勵

第一條 留日高專以上各校官費生一學年內不欠席並學年試驗及第者。（二十五元至五十元）

第二條 留日高專以上各校官費生畢業時，合計三學年不欠席者。（五十元至一百元）

二、成績奬勵

第三條 留日高專以上各校官費生學年試驗考列最優等者。（二十五元至五十元）

第四條 留日高專以上各校官費生畢業試驗考列最優等者。（五十元至一百元）

第五條 准第三條及第四條之規定，凡各學校之成績報告，如以分數爲標準者，應以八十分以上爲最優等；以甲乙丙丁分等級者，以甲等爲最優等。其餘標準，得準此類推之。

第六條　留日高專以上各校自費生，有與本章程第一條及第三條之規定相符者，得給予補助費。

留日高專以上各校自費生有與本章程第二條及第四條相符者，得給予獎勵金。（每年不得過三百元）

此項規程所規定之獎金既少，而民國七年以來，各省留學經費均有拖欠，現在則除江蘇浙江山西等數省留學生外，無不奔走呼號求應得之公費而不可得，獎勵金亦不過徒有其名而已。

第十四章　留學思想之變遷

欲明近代遊學思想的變遷，不可不先明派遣留學之背景。

梁啟超以中國在千五百年前即有留學生，其事蹟可考者且有百餘人，(1)則派遣

(1)　千五百年前之學留生（改造四卷一號）

留學生已不自現代始。不過自唐以後，佛教官典已經翻譯，宗教界的需要有相當的滿足，而且也無玄奘其人含辛茹苦萬里求學，即間有赴印度求佛者，亦爲宗教之祈求而非學術之探究。至於西洋因交通關係，在明以前且不曾與之通往來，自說不到派員求學。

明正德十三年（一五一七）葡萄牙至上川島經商，始與中國通往來。以後西班牙、荷蘭、英、法、俄、美、德等國繼之，但均只以通商爲限。當時國人對於西洋各國仍本輕視蠻夷的遺訓，視爲不值一錢，所以乾隆時有『兵船不得入虎門，不得備武器，不得帶女人，不得雇中國僕婦，不得乘舟遊江上，每月惟三個人日准遊花園，且須帶翻譯』之禁令。但卒以此種觀念釀成雅片之戰（道光十八年，一八三八）以致一敗塗地，而割香港、開福州、廈門、寧波、廣東、上海五口爲商埠，償軍費二千一百萬兩。斯時國人對於西洋的觀念漸變，而有堅甲利兵，其鋒莫當之盛。自此而後，平定太平軍曾借重外兵，對於外國之軍備更多認識一層，及至英法聯軍入京，中日戰爭，義和團事變以後，割地賠款的事情日多一日，本國底弱點完全顯出，外人底勢力更多一番認識，而鑒於日本以數十年的維新工夫，竟能稱覇東亞，與世界列强並駕齊驅，於是更知西政之能强國而努力模倣。後來派五大臣出國考察政治，對於各國物質文明有所接觸而驚其華富，除軍備與政治外，對於西洋的實業更有一番認識。民國而後，去國者日多，其中不乏好學深思的人，切實努力研究西方學問，而嚴復所譯之天演論，羣學肄言，社會通詮等書散布於國中，更使國人知西洋物質文明之外，尚有精神文明，而且所謂精神文明，並不亞於老大的中國；於是國人始知西洋所有者不只是工藝的末技，並有支配工藝的社會倫理。反觀我國，無一可及，便鄙棄國內一切文物而思全盤承受西洋化。自戊戌變法，辛丑圖强，以至民國以來，社會上無時不鼓吹遊學，政府無時不以遊學爲敎育中之重要政策，都爲這些思想所支配。明白說來，中國六十年來遊學的思想，可以軍備，西政，西藝，西學四項包括之，簡單說明如下：

此四種思想雖然互相錯綜，彼此不易劃一顯然的界綫，但亦各有其最高度；大體上可分爲四個時期：第一期自同治末年至光緒二十九年，第二期自光緒二十九年至三十四年，第三期自宣統元年至民國六年，第四期自民國六年至今。

鴉片戰後，外患日迫，大僚以圖强非設學練兵以培植譯材將材不可，故京師同文館與滬粵廣方言館設於同治初元，而曾國藩聽容閎之言，於同治六年平定捻匪之後，在滬設江南製造局，並於廠旁立兵工學校。但是設局製造開館教習只是圖强的始基，欲收遠大之效，非遠適肄業，集思廣益不可，所以曾與李鴻章竟採容閎之議遣派幼童赴美。他們說：

竊謂自斌椿、志剛、孫家穀、兩次奉命遊歷各國，於海外情形，亦已窺其要領：如輿圖、算法、步天、測海、造船、製器等事，無一不與用兵相表裏，凡遊學他國，得有長技者，歸卽延入書院，分科傳授，精益求精，其軍政船政，直視爲身心性命之學，今中國欲倣效其意而精通其法，當此風氣既開，似宜亟選聰穎子弟，携往外國肄業，實力講求，以仰副我皇上作育人材力圖自强之至意。(1)

這是他們派遣幼童出洋之目的。在他們看來，輿圖步算等項却是軍事底工具，學

(1) 曾國藩等奏選派幼童赴美肄業辦理章程（約章成案匯覽卷三十二上）

生之當實力講求者亦在於軍政船政，這是軍備思想表現之最初期。此後李鴻章沈葆楨等於光緒初元派遣福建船廠學生去英法習製造駕駛，武弁赴德國習陸軍，則更以造就軍事人材爲惟一的目的。李等奏派船政學生出洋肄業章程摺中說：

竊謂西洋製造之精，實本於測算格致之學，奇才迭出，月異日新。即如造船一事，近時輪機鐵脅，一變前模，船身愈堅，用煤愈省，而行駛愈速；若不前赴西廠觀摩考索，終難探製作之源。至如駕駛之法，日近華員亦能自行管駕，涉歷風濤；惟測量天文沙線，遇風保險等事，仍未得其深際。其駕駛鐵甲兵船於大洋狂風巨浪中，布陣應敵離合變化之奇，華員皆未經見，自非目接身親，斷難窺其秘鑰。

這段是總說派遣船廠學生出洋之原因。他又說：

『查製造各廠，法爲最盛，而水師操練，英爲最精。閩廠前堂學生本習法國語言文字，應卽令赴法國官廠學習製造，務令通船新式輪機器具無一不能自製，方爲成效。後堂學生本習英國語言文字，應卽令赴英國水師大學堂及鐵甲兵船學習駕駛，務令精通該國水師兵法，能自駕鐵船於大洋操戰，方爲成效』。(1)

這是說何以派遣學生去法國習製造，赴英習駕駛之原因與目的。關於派遣武弁赴德的原因與目的，他在光緒二年三月二十六日奏派卞長勝等七人赴德學習片中說：

籌布海防，迭經籌款，定購西洋新式後膛槍砲，分發各營督飭操練，並轉托德國克鹿卜砲廠代雇德國都司李勱協來津訂立合同議明三年爲期，教習克鹿卜後膛鋼砲……現屆期滿銷差回國，……商令李勱協帶同花翎遊擊卞長勝等七人赴該國武院講習水陸軍械技藝，俟學成回華再分撥各營教練，以期漸開風氣。……竊維外交之道與自固之謀相爲表裏，德國近年發奮爲雄，其軍政修明，船械精利，實與英俄各邦並峙……該國素敦友誼，亟應及時聯絡，師彼長技，助我軍謀。

(2) 以後江南湖北各省於光緒二十一年以後，派遣學生入日本成城及振武學校，與練兵處奏選陸軍學生分班去日習陸軍，均爲此種思想所支配。而光緒二十八年袁世凱奏派學生去日肄業片中講得更爲明白。他說：

『當今時局以講求武備爲先，整頓戎行以遴選將才爲急，……查歐美東洋各國於行軍練士之法悉心考究，日新月異而歲不同，故能迭爲長雄，潛消外侮。今中國兵制徒守湘淮成規，間有改習洋操，大抵襲其皮毛，未能得其奧妙，欲求因時制宜以收折衝之效，自非派員出洋肄習不爲功。』(3)

在此軍備思想中，歐洲各國軍備之首被國人重視者爲英法德三國，其次爲日本，而日本以地近費輕之故，去者特多，影響於中國軍事者亦最大。派遣赴美之幼童雖目的在養成軍事人材，但因年幼學淺，去美初期完全爲預備性質，故不曾專習軍事，與後來派赴英法德日之學生不同。而且光緒二十九年以前，雖不時派遣學生出洋肄業，但都係因時制宜的偶然計劃，並非國家底正式政策。

(1) 李鴻章：選派船政生徒出洋肄業章程摺（約章成案匯覽卷三十二上）。

(2) 李鴻章：選華弁出洋習藝並洋弁給獎片（同上卷三十二下）。

(3) 約章成案匯覽卷三十二下。

甲午之戰，國家弱點更形暴露，乃更因日本變法之强而認識西政之重要，張之洞勸學篇中論遊學說：

『日本小國耳！何興之暴也？伊藤、山縣、榎本、陸奥、諸人皆二十年前出洋之學生也。憤其國爲西洋所脅，率其徒百餘人分詣德法英諸國，或學政治工商，或學水陸兵法，學成而歸，用爲將相，政事一變，雄視東方。不特此也，俄之前主大彼得，憤彼國之不强，親到英吉利、荷蘭兩國船廠，爲工役十餘年，盡得其水師輪機駕駛之法，並學其各廠製造，歸國之後，諸事丕變，今日遂爲四海第一大國。不特此也，暹羅久爲法國涎伺，於光緒二十年與法有衅，行將吞併矣；暹王感憤，國內毅然變法，一切更始，遣其世子遊英國學水師，去年暹王遊歐洲，駕火船出紅海來迎者卽其學成之世子也；暹王亦自通西文西學，各國敬禮有加，暹羅遂以不亡。上爲俄，中爲日本，下爲暹羅，中國獨不能比其中者乎。』

這是他極力描寫俄日暹之强由於變法，而變法的人材要出洋遊學養成，所以他與劉坤一覆議新政第三摺臚舉採用西法次第十一條，以廣派遊歷列第一，而且明認西方政體學術爲研究經驗之結果，值得倣效。他們說：

『方今環球各國日新月盛，大者兼擅富强，次者亦不至貧弱，究其體政學術，大率皆累數百年之研究，經數千百人之修改，成效旣彰，轉相仿倣，美洲則采之歐洲，東洋復采之西洋，此如藥有經驗之方劑，路有熟遊之途徑，正可相我病證，以爲服藥之重輕，度我筋力以爲行程之遲速，蓋無有便於此者。……今日育才强國之道，自以多派士人出洋遊歷爲第一義；惟遊學費繁年久，其數不能過多，且有年齒較長不能入學堂者，有已經出仕不願入學堂者。欲求急救之方，惟有廣派遊歷之一法。觀其國勢，考其政事學術，察其與我國關涉之大端，與各國離合之情事，同華後將其身經目覩者告語親知，展轉傳說，自然羣迷頓覺，急思變計。』(1)

這是他們對於西方政治的認識。以後預備立憲，一切新政同時舉行，需人甚急，而赴日之大批留學生以習速成法政與師範者爲最多，而不及其他各種實業，卽由此種

(1) 變法自强奏議卷十八。

西政的思想所支配。

國人對於西藝之認識較西政尤早，但因時勢不需要，遂致發展反後於西政。光緒二十五年上諭出洋學生肄業實學說：

向來出洋學生學習水陸武備外，大抵專意語言文字，其餘各種學問，均未能涉及。即如農、工、商、礦務等項，泰西各國講求有素，夙擅專長，中國風氣未開，絕少精於各種學問之人。嗣後出洋學生，應如何分入各國農工商等各學堂專門肄業，以備回華傳授。

總理衙門覆議章程更明白說：

英德有農政公會，美國有農政書院，最爲講求耕墾收穫之務，近日英之愛爾蘭，新立勸農勸工章程，至商礦學堂，各國多有之，其名物器具象數之繁，分門記載，各有專書，非精通西文翻譯，無由入門而悉其體用利病。歷派出洋學生，每屆三年回華，爲時既暫，誠有如聖諭專攻語言文字，肄習水陸武備，而於各國農工商務礦務未有專門精肄回華傳授者，誠宜變通出洋肄業章程，使各就其才性之所近，分

門研究，以收布帛菽粟與物前民之用，以殖民生而裨國計，非此不能爲之椎輪嚆矢也。(1)

不過當時不曾派遣學生去西洋，而拳匪之亂便已發生。辛丑和議，受創過深，舉國均急急於變法自強，而變法要首從政治做起，所以政治人材之需要更切，工藝問題也便淡然忘之，西藝思想也爲西政所遏。光緒二十九年而後，留學生日多，漸有供過於求之勢，而工藝之不發達如故，於是工藝思想又復發現。光緒三十三年與日本特約五校卽趨重實業，三十四年七月，御史俾壽奏請選派學生赴各國習工藝，學部與農工商部郵傳部會奏於斯年起，以後所有出洋學生均令習實業，並限制自費生非入高等以上學堂習農工格致者不給官費。此實留學史之一大變遷，茲錄其原奏之重要者如下：

『……臣等竊維造就人才，必因乎時勢，欲救貧弱，在圖富強，欲圖富強，在重實業。從前臣之洞會同前學務大臣奏陳重訂學堂章程，摺內卽聲明國民生計，莫

(1) 約章成案匯覽卷三十二法。

要於農工商實業，趣辦實業學堂，有百利而無一弊，最宜注重等語。頻年以來，農工商部於京師設立高等實業學堂，郵傳部於上海設立高等實業學堂，唐山設立路礦學堂，蓋冀人才之日出，而圖實業之振興。臣等夙夜孜孜，已非一日。惟此種專門之學，皆以普通學爲始基，非先於普通之算學理化博物圖書等已具根柢者，不能得門而入。近來各省派往東西洋之遊學生亦已不少，然以未經中學堂畢業，普通學不完備，出洋以後，見夫法政等科可不必習普通學而躐等以進，於是避難就易，紛紛請習法政，以致實業人才愈見其少。今該御史所奏工藝爲富強之要圖，選派子弟，分送東西洋，使專一藝，洵爲扼要之論。擬如所請，自本年爲始，嗣後京師及各省中學堂以上畢業之學生，擇其普通學完備外國語能直接聽講者，酌送出洋學習實業；並令此後凡官費出洋學生，概學習農工格致各項專科，不得改習他科。又以前自費出洋之學生，非入高等以上學堂學習農工格致三科者，不得改給官費，其認習實業已給官費之學生，亦不准中途改習他科。如此量爲限制，庶幾實業人才可以日出，而富強之效可覩矣。(1)

此後自費生雖無一定限制，但官費生則照此奏議辦理，卽宣統元年『美國退還庚子賠款派遣留美學生，亦限定以十分之八習農工商礦等科，以十分之二習法政理財師範諸學。此案定後，民國承之。民國五年東西洋官費生留學之科別統計，理工學生佔百分之八十三，文法科學生只百分之十七，可知習理工者之多。惟自費生無一定限制，不能據此以爲斷而已』。

民國初成立時，除留學監督有所更改而外，方針固無何種變更。民國五年，教育部公布選派留學生規程卽打破此種限制，而泛指外國學術技藝。其時社會上之一部分人如曾經留法多年之李煜瀛，吳敬恒極力提倡留學，以爲『欲輸世界文明於國內，必以留學泰西爲要圖，……共和初立，欲造成新社會，新國民，更非留學莫濟。』(2)特創留法儉學會鼓吹國人去法留學。歐戰發生，法國招募華工，他們更主張移家就學；而當時

(1) 學部奏咨輯要第一編。

(2) 留法儉學會緣起（見第八章）

國內學者如陳獨秀創辦新青年雜誌，對於中國舊禮教，舊文學極力破壞，對於西洋思想，道德與文藝極力迎受，浸假社會受其影響，國中固有習尚日漸動搖，對於西洋化之要求日漸迫切，五四而後，英美學者如杜威羅素等來華講演，社會上更有一種激動，於是『一切文物西洋皆好，中國皆壞』幾成爲國人自命爲明達者之普通觀念，遂致西洋留學生驟增。此時國人對於西洋之認識，不只軍備政治與工藝而已，其他一切學術均被重視。此思想可以吳稚暉之言論爲代表。他於民國六年主張移家就學，其最重要之理由如下：

假如我國近時受美人衞西琴氏新教育論之影響，致年來教育部遣派學生，取限制主義。衞氏所謂『必須成年之人年在二十五歲以上，曾於本國受有完全教育者，始可出洋留學；蓋留學目的，端在極深研究，或特別調查，彼英德法美諸國學子之互相遊學，莫不如是』。此與日本派遣留學限定卒業大學曾任助教，且限額五十餘人，其旨趣合。然吾不必多下斷語，即以衞氏『英德法美諸國莫不如是。』一語反詰之，中國今日之國情，及學界之程度，得比英乎法乎美乎？即退一步言之，得比日本乎？當無不以爲甚滑稽者也。衞氏之新教育論，趨重力役，吾五體投地崇拜之。至於所論派遣留學法，若作爲教育部方面挑選出洋學生時之鵠的，於此一部分，亦至爲切當；年來成年而受過比較完全教育之人，日多一日，教育部取其僅少之學額，多選此等人，自亦在情理之中。若衞氏又謂『採取彼之方法，則派遣學生出洋留學之舉，直無所用。』此實謬說。……終之吾敢爲大前提而斷言者：

今之新教育，皆有覺悟，當趨重力役。

卽力役之教育而論，是世界的，非一國的。

力役之智識，是世界的，故交通愈廣博，而成就者愈多。

我國力役之教育，旣已發達，尙不可忽於交通，當其未發達，尤應多設交通之法，促此教育而進之。

移家就學亦爲交通諸法內之一種。

他主張移家就學的理由說：

今日中國之所缺者，學校教育，與所謂力役教育內之高等能力，皆知出國而求之矣。其實與人類相關之事物，有待乎增進智識，逐一改良者，實爲千端萬緒，非僅講學之一事，必事事能多換智識於世界，而後適宜於時勢之俗尙，乃得優存於人羣。移家之事，取吾一部分人之家庭生活生活於世界改良之城邑；取吾一部人之起居習慣習慣於世界進取之社會。卽無子弟就學問題，已覺移家之重要。況就子弟就學而論，我國學技之驟難完備，尤於高等力役之能力，一時決不能取諸宮中而足，而又因社會上四圍現狀之無所補助，故卽在學校中成績最優之子弟，往往不比於留學普通畢業之學生。（所謂普通畢業學生者，乃指實地學習，特成績非優者耳；決非指頂一留學招牌之「麵筋學生」也。）卽因一則於學校外無聞見，一則聞見於學校之外者甚多耳。(1)

民國十二年，因張嘉森在淸華學校講演人生觀，發生科學與玄學的論戰，引起東西文化優劣的激辨。吳作長六萬言的長文一篇，題爲一個新信仰的宇宙觀及人生觀，

(1) 新青年四卷二號。

更主張全盤承受西方文化。(1)在這文內他雖不明白提倡遊學，但他與其他同信西洋文化如周作人、錢玄同等之根本思想却在此表現。勤工儉學事失敗後，里昂中法大學仍繼續進行，與他這種全盤承受西洋化的思想不無關係。

以上爲提倡遊學者思想變遷的概況。

在此思想變遷的過程中，有兩事我們當特別注意者：1、國人對於東西洋學生觀感之差異，2、科舉思想之遺毒。國人對於東西洋學生觀感之差異點有二：一、爲重視西洋學生，二、爲以西洋語言困難而主張派遣不明國情之幼童。最初派遣幼童赴美，其政策算已失敗；然而光緒二十九年以後，國人對於西洋情形無適當之瞭解，對於西洋學生之派遣仍主張年幼者。光緒三十年外務部與學部奏訂西洋遊學簡明章程即規定年十四五心地明白，文理曉暢者……從語文入手，勿以年長充數；同時並將語言與學問混爲一談，所以他們又說通西文者三年五年即可學成致用。清華學校設立，招收十

(1) 太平洋四卷五號。

五歲以下之兒童入校受純美國式之預備教育，亦爲此種謬誤思想所支配。因此東洋學生以漫無限制，流品太雜而無成效，西洋學生則以年幼不明國情而無成效。西洋學生因不明國情之故，其貢獻未必優於東洋學生，更未見得人人優於東洋學生，然而因爲費重道遠之故，社會上總存有西洋一等，東洋二等，本國三等的偏見。不獨從前考試留學生官，『留學歐美者多列優等，留學日本者大率中等，』(1)卽現在各公司之待遇(如商務印書館)及各學校之用人，亦顯然以東西洋與本國爲區別。結果遂致留學爲干進謀利之工具，而眞才反因以泯滅。此種差別，實亦派幼童赴美與因費重道遠重獎西洋留學生的歷史所搆成。

辛丑而後，國人圖强之心切，但科舉在中國已有長久的歷史，科名觀念一時無從打破，政府遂不得不以科舉的方法獎勵遊學生，於是遊學成爲一種工具，學生出國之動機並不在求學而在藉此龍門以抬高身價。民國而後，科名的獎勵雖經取銷而社會

(1) 見羅振常論考試留學生之宜注意文中(教育世界第一百十八期)

上對於留學生與留學生之自視。亦儼然以留學爲一種變相的科舉。留學生既爲此種不正當之動機所趨使，所以在國外不專心於學業，回國不努力於事業，因果循環，遂搆成今日留學界虛浮驕縱無濟於世之惡果。此則科舉思想的遺害而一時難於除去者。

第十五章　結論——歷史告訴我們的留學問題

以上十四章敘述六十年來留學底史實，雖然因種種限制不能將關於留學的一切材料收羅無遺，但六十年來留學底重要事實却大概爲有根據的記述，本章卽從事實上分留學生成績、留學問題之因果、今後的途徑三項論留學問題以爲本書的結論。

甲　留學生成績

近來因爲留學生有許多不滿人意的事實示人，社會對於留學生的觀感大變，責難日多，激烈者並以爲留學教育足以亡國，因而將留學生之貢獻亦一筆抹殺。實則留學生也和其他學校學生一樣；有賣國者，也有救國者，對於學術文化有摧殘者，也有貢獻者，不過就其總和之數是說，瑜不掩瑕，遂致一般人不重視其優點而責難其劣點。我們却當分別觀察之。

戊戌以後的中國政治，無時不與留學生發生關係，尤以軍事，外交，教育為甚：現在執軍權之軍人十之七八可從日本士官學校丙午同學錄，與振武學校一覽（光緒三十三年）中求得其姓名，軍閥如此橫行，留日陸軍學生自應負重大責任，而曹陸章之賣國，更為國人所嫉視。其他如外交則完全為留學生所主持，高等教育界之人員亦十分之九以上（據民國十四年東南大學，北京師大同學錄），為留學生，全國重要事業無不有留學生在其中。二十年來國勢日趨日下，無論教育，外交，幾無一事可以使國人滿足，國人對於留學生之不滿，自係不可避免的事實。然而留學生在近世中國文化上確有不可磨滅的貢獻。最大者為科學，次為文學，次為哲學。

中國文化的歷史雖然最長，但科學的研究則素所缺乏，自科舉取士以後，所謂士人幾完全將其生活消磨於詞章八股之中，更無所謂科學。鴉片戰後，國人雖怵於外患而思自強，但並無科學的觀念，不過泛言洋務而已。曾國藩派遣幼童赴美，即曾言及數理，李鴻章派閩廠學生去英法，更可隨意肄業礦學，化學；光緒二十九年而後，去日之學生雖多學習政法師範，但編輯理科講義，却能介紹初步的科學知識於國人。民國三年西洋留學生更組織科學社，一意從事科學之研究，發行科學雜誌，編訂專門名詞，設科學圖書館及生物所於南京民國五年，留日學生發起丙辰學社（現改爲中華學藝社）發刊學藝雜誌，其內容之大部分專論科學；此外政府於民國五年設立地質調查所，亦爲留學英國之丁文江所主持而有相當的成績；個人研究科學有得爲世界科學者所重視的如王龍佑之於銻，丁文江之於楊子江下流地質，均於自然科學有較大的貢獻。高等以上學校之科學教師，更無一非留學生，現在國內學校科學教師，科學用品與科學教科書者，亦莫不由留學生間接直接傳衍而來。此爲留學生成績之最顯著者，我們固不能說其全無貢獻。

近五十年來，中國文學上最大的變遷爲時文與白話文：時文創於梁啟超之新民叢報，文體務『平易暢達，時雜以俚語，韻語，及外國語法。』梁雖非純粹的留學生，但他所謂外國語法卻是從日本得來，而辛丑以後的時文大盛，留日學生之傳播也有很大勢力，不過不能完全視爲留學生底成績而已。以後章士釗創辦甲寅雜誌，文體注重理論，注重文法，在政論別開生面，且影響於當時以至於現在作者不少，章固學留生，其同派高一涵、李大釗、李劍農等也是留學生。至於白話之創興，大家都知由於留學美國先習農科，後習文學哲學的胡適，即從旁鼓吹與身體力行十年如一日之陳獨秀、周作人、周樹人（魯迅）等也都是留英留日的學生。此外著馬氏文通之馬建忠，將中國文法爲嚴密的分析，繹出條理與西文並舉，亦是文學上之一種重要創作，然而馬氏就是最早的留法學生。

中國學術素以哲學著稱，國內學者亦以哲學自豪，但中國底哲學重直觀與西洋之重經驗者異其趨向，近年來始有用科學方法整理國故者，而介紹西洋哲學於中國者首推嚴復。他首到英國學海軍，擅長數學，但又治論理學，進化論，兼涉社會法律經濟等學，所以對於哲學也有相當的造詣。他首先譯赫胥黎底天演論（Huxley: Euolution and Ethics and other Essays），文詞既謹嚴流俐，又旁引博徵爲案語以發揮其義蘊，所以此書在社會上的影響最大：「物競天擇，優勝劣敗」幾成社會上一般人底口頭禪，而圖强的行動亦無形間受其影響。其他如斯賓塞爾底羣學肄言（Spencer: Study of Sociology），穆勒底羣己權界（J. S. Mill: On Liberty），穆勒名學（Mill: System of Logic）等書都在社會有相當的影響，國人對於西洋哲學，經濟，社會學等得窺其一斑，而不爲『西方之學技藝而已』之固蔽思想所囿，實嚴氏底功勞。這也是留學生對於中國文化之一大貢獻——他所譯各書除書底本質外，即在文學上亦有特創而有不可泯滅的地位。此外法國留學生專治生物學的李煜瀛，於光緒三十一年與友人在法國巴黎發行新世紀雜誌，譯拉馬克（Lamark）與克魯巴特金（Kropotkin）底著作，提倡互助學說，國人至今猶有多受其影響者，亦不可不謂之一種貢獻，其他如詹天佑之造京綏鐵路，劉慶恩之發明新式快鎗，蔡鍔之反抗帝制，均係彰彰在人耳目的事實，我們固不能說留學生對於中國無重大貢獻也。

乙 留學問題之因果

I、留學生被責難的原因

近年來報紙雜誌中，不時發見關係留學生問題的文章，各人對此的意見雖不盡相同，但大體可以『不滿意』三字總括之。留學生固亦有其相當的成績，何以國人對於他們不滿意？此問題之發生決非偶然，我們從歷史上看來，可得下列幾種原因。

1、留學生爲一種特殊坐食階級，　中國人民素分士農工商四級，士者又素有食人，治人的特權，留學生又爲士中之最高級，故其特權更大。從前的讀書人（士）雖然享食人治人的特權，但社會上之舊道德觀念未打破，被治者固襲數千年傳下之遺訓而認「士」有權治人，治者亦本正己以正人的格言處事，不敢過分蹂躪平民。海通而後，國內社會習尚固因各國相互的影響而有變更，留學生習於外國工業社會的功利觀，律己不如往昔的士人，而最初政府派遣學生以利祿爲餌（實官獎勵），學生之出國亦以求學爲工具，功名爲目的；所以回國而後，一面不安小就作他分內應作而能作的事情，他一面便思挽攬大權以遂其功名之欲。幸而獲售，則儘量發舒其權力欲以求統治一切，在權力欲之發展中，自然難免有對人對事過分的地方，引起國人底嫉視，自是常事；不售，亦因物質欲望太高而思謀不費力的安舒生活——如習工藝者之作官等，——用非所學，自難服人，於是便常引起國人之輕視。然而留學生在前清曾爲國人特別重視過，數十年來均係過特殊階級的生活，卽在現在，出國者亦最大多數不能逃以求學爲工具的範圍，回國後要他們辱身降志，作分內應作的事，自然不大願意，因而不安分的希冀愈多，墮落的機會亦愈多，國人對他們不滿的感情亦愈大。此國人對於留學生不滿的第一種原因。

2、留學生外國化　無論何人，對於某事或某人瞭解得多一點，也就容易受其影響，留學生對於留學國各種事物之重視，自屬人情之常；而且在現在的中國，要謀各方面的改革，均有不可不採外國成規之勢，留學生主張採用其留學國之制度風尚亦不能厚非。不過一國有立國的精神，外國成規終只能居於參考地位而不能無條件接收。要能本國情以為選擇，第一要深明本國情形，第二要深明外國情形，而中國首先派遣留學生時卽不曾注意及此，西洋留學生承其遺風，至今尚有不識中文且不能中語者，還說明白國情，這些人為生活便利計，本以終老外國為宜；一旦勉强回國，自然無法改變其生活。日本留學生大概對於中國情形較多瞭解，但日本變法係以西洋為師，間接傳授，對於西洋亦難有眞切的瞭解，有所主張，還是少切國情的死形式。加以光緒二十九年以後之大批派遣學生，留學原為外力所逼，當時因國家連受外力之壓迫，無法自伸，國人對外國之一切，幾均視為天經地義，留學生為炫異謀位計，亦不得不帶幾分洋化。然而小農立國的中國社會情形，固與西洋各國及日本之工商業立國特異，留學生之種種外國化，當時雖少人倡言反對，不滿足之念卻不因不發舒而消滅。近來外力愈迫，民智漸開，國人一面自覺本國立國精神不可喪失，外國文物不盡合用，而對於外人底壓力則反感愈深。留學生之外國化也自然成爲衆矢之的了。這是留學生使人不滿之第二種原因。

3、留學生植黨攬事，當初大批派遣留學生時，原爲國內各種事業需人治理，惟因以獎勵實官爲手段，遂開倖進之門。自此而後，回國學生日多，社會事業不能與留學生人數成正比例發展，於是有漸有人浮於事之傾向，留學生爲社會地位及生活上的種種問題，不能不植黨以謀生活上之安全，遂致留日學生與留學西洋者相傾軋，相排擠；人數愈多，事業不發展如故，各國留學生互相傾軋，排擠之風，蔓延及於同國乃至於同校之留學生，竟至美國學生有秘密組織的兄弟會等，以爲回國包攬事業的根據。各國留學生爲生活問題引朋呼類，排斥異己，固足使人不滿，加之其成績並不優於非留學生，甚至遠不及非留學生，社會上對他們不滿的感情也隨之而來。這是留學生引人不滿之第三因。

II、目前的留學問題

1、留學宗旨　六十年來的留學政策可以說是無宗旨的政策：初次派遣學生赴美，取十六歲以下的兒童使之在國外學習十五年而後歸國，方法已極拙劣，而派遣時並無一定目的，既不問國內需要如何，也不規定學生應習的科目，完全爲一種盲目的舉動而已，以後閩廠學生出國較有目的，但爲數甚少，實際上無何種重大影響。光緒二十九年以後，舉國以派遣留學生爲要圖，但始終無人能確切說明爲什麼要這樣大批地派遣，更無人將此政策爲全盤的籌算，預計其結果如何。光緒三十四年以後，留東學生那樣擁擠，政府對於留學政策還不拋棄，仍與日本五校訂立十五年的特約，並且因投考學生不足而擬在國內設預備學校；民國五年十月教育部發布選派留學外國學生規程，規定教育總長認爲必要時得就大學教授，專門學校畢業生中選人員赴外國研究必須留學之學術技藝，表面上似有所變更，實際則更爲糊塗：照該規程規定所謂教育總長認爲必要，既不是根據實際調查，亦不是本諸人民要求，乃是依照成案照例辦理；(1)不獨派遣學生不能適合社會需要，卽留學政策亦不曾有絲毫更張。至於自費生則最大多數爲虛榮心與利祿心所趨使，更少有確定的目的。所以六十年來大家主張派遣留學生；但只是派遣而已，派遣以後之計劃如何，被派遣者之志願如何，都無人過問。故六十年來之留學政策只是一種因襲政策：就是當初容閎在美國多年，覺得美國底文物制度勝於中國，中國有派人留學之必要而建議留學，以後大家以爲從前既經派遣許多人出國留學，現在也應當派遣這許多學生留學；留學者則以從前之留學生既在社會上佔優越的地位，現在要佔優越地位也只有出於留學之一途。這樣地陳陳相因，留學事業便數十年如一日；照現在情形，也許數百年後還是如此。可是從中國留學生底成績與現在的國勢看來，恐怕這樣地再過六十年，留學生充滿了中國，中國或眞如論者所言中而爲留學生亡了也未可知。這是值得我們特別注意的第一個問

(1) 該規程第三條第二項說：『教育部議定前項應派名數，卽以民國三年六月以後各省咨報教育部有案之核定留學名額爲範圍。』

題。

2、派遣方法　此問題較爲複雜，有派遣機關，學生資格，考試方法，名額分配，學科分配諸事，茲分項述之。

派遣機關　初期派遣學生出洋只有要派遣之機關考選，一切規章亦由該機關規定，無統一辦法。光緒二十九年而後，學務處及學部成立，派遣學生仍由各省督撫辦理，不過將其已錄之學生咨報備案而已。民國五年教育部公布選派留學生規程，以各省爲初試機關，教部爲最終決定機關，名義上似以教育部爲統一機關，但實際上名額仍由各省支配。故民國十三年江蘇竟因『歷屆部試派遣向無特定目的，各省所習，往往與本省需要科目不能相應，』(1) 而與教育部爭考試權，教育部却無法反撥。爲政權統一計，自以完全由教育部派遣爲好，然而各省需要不同，由教育部選派，既恐不能適合需要，徒然一試，於事實上亦無何種裨益，而況自費生並不須經過考試。但由各省直

(1) 中華教育界十四卷四期

接考送，又恐爲省內勢力之子弟包攬。此派遣方法中之第一問題。

學生資格　初遣學生出洋，資格並無規定，只派遣者認爲可遣卽遣。光緒三十二年以後，因去日學生流品太雜，始有非中學畢業生不給咨之規定。民國五年之選派留學生章程，雖經規定官費生爲大學及專門學校教授與國內外大學及專門學校畢業生，但自費生則只以中學畢業爲主要資格，其次爲服務教育二年以上（十三年規程）及中等學校教員（三年規程。）自費生底資格，論者固以爲太低，官費生資格，亦有人發生疑問：因爲留學目的在學習本國不能學習的學術技藝；學術研究或可謂爲大學教授等底職務，而技藝的練習則非具實際經驗者不可；留學生只以大學教授等爲限，實業界專門人才又何以養成？而且留學生之派遣在能截取他人之長，改進本國學術與技能，則被派遣之學生最少也應明瞭本國社會情形，然後學可致用。國內外大學及專門學校學生畢業後卽直接出國，在效力上不免發生問題，（清華學生之留國運動，卽其顯證）則教育部選派留學生規程第一條之第三，四，五，三項實有商量之餘地。就學術研究言，更有未曾留學及未曾爲教授之人而有很深的造詣；必限以某種學校畢業及教授，眞才泯滅，亦是常事。這是派遣方法中之第二問題。

考試方法　最初派遣留學生因風氣不開，無所謂考試，只要年齡相當，身體强健而願意遠離鄉井者均可獲選。後來學生漸多，漸有考試，然在前淸除日本五校特約生須在日各校受競爭試驗外，其他留學生或由各省選送或予以相當的試驗；但限制並不嚴厲，各省亦無統一辦法。民國五年選派外國留學生規程發布以後，始有嚴密的規定。照該規程所定，留學生考試分第一試及第二試：第一試由各省行政長官行之，考試科目爲國文，外國文第二試由教育部主持，考試科目爲國文及外國文論說，科學條對，口試。但大學及專門學校二年以上之教授與留學國外大學專門學校畢業生得免試驗之全部或一部。考試科目固有問題，免試更有人懷疑：因爲語言文字爲研究學術之工具，其本身不是學術，第一試只以語言文字爲限，很難知受試者對於專考之科學程度如何：第二試雖有科學條對，但不怕第一試時之優於文字者掩沒科學有得的人嗎？至於某種資格可以免試，在理論上亦未嘗不可通，可是現在國內的大學濫設，國外的留學生濫派，能保所謂教授與國外大學專門畢業生之語言文字不精通，科學無專長，國情不瞭解嗎？這是派遣方法中之第三問題。

名額分配　光緒二十九年而後，中國留學生以赴日者爲最多，現在仍然如故。而自清華成立後，赴美學生亦特多，其數雖不及日生，但在美國之外國學生中卻佔第一位，且佔九十七國籍留學美國學生總數的百分之二〇・七九。(1) 再從各省官費生定額及民國十年至十四年之出國學生統計看來更可知各國學額之不平均。

(1) 華盛頓通信云各國學生赴美研究高等科學者共計一四六二名，中國學生佔最多數，有三二八名，居全額百分之二十五。英吉利、蘇格蘭、威爾士次之，共二二一人。德國又次之，爲一二〇名。日本學生六十二名，高麗學生二一名。餘爲各國之學生。又據最近之戶口冊，去歲在美國各校讀書之各國學生共計七五一〇人，內有女生九五八名，國籍共有九十七。遠東各國學生共三四九八名：中國一五六一名，日本臺灣七九六名，菲律賓六八〇名，高麗二二四名，印度錫蘭緬甸阿富汗共二三七名，檀香山一一八名。歐洲學生共一八八九人：俄國四三三人，英國二三八人，法國一二八人，捷克斯拉夫四八人，汝搆斯拉維亞二一人，匈牙利四〇八人。南美洲學生共五五九人，墨西哥二〇一人，巴西四七人。非洲學生共一三五人，西印度羣島學生共四二一人。近東二一六人，加拿大七三七人，澳斯達拉五七人。（新教育評論第一卷二十三期）

第二表　省費留學生定額表(1)

省別	留歐美定額	百分比	等第	留日定額	百分比	等第
直隸	一二	三・七八	12	三八	三・五四	12
山東	一五	四・七二	11	六二	五・七七	8
山西	一二	三・七八	13	三六	三・三四	13
河南	二一	六・六一	7	一四	一・三一	19
陝西	八	二・五二	17	六〇	五・五八	9
甘肅	一	〇・三一	19	六	〇・五六	20
江蘇	二五	七・八六	3	六〇	五・五八	10
浙江	二〇	六・二〇	8	一二〇	一一・一五	1
江西	二一	六・六〇	6	九三	八・六五	3
湖北	二二	六・九二	5	七一	六・六〇	7
湖南	二五	七・八六	4	九六	八・九三	2

福建	一〇	三・一二	15	六〇	五・五八	11
安徽	一二	三・七八	14	一九	一・七七	17
廣東	三〇	九・四四	2	八一	七・五三	5
廣西	三	〇・九四	18	一五	一・三九	18
四川	一七	五・三五	9	八七	八・〇九	4
雲南	一七	五・三五	10	二七	二・五一	15
貴州	〇	〇		二三	二・〇五	16
奉天	三八	一一・九二	1	七二	六・七〇	6
吉林	九	二・八三	16	三五	三・二六	14
黑龍江	〇	〇		一	〇・〇九	21
總計	三一八	二二・六五		一〇七五	七七・三五	
	一三九三					

(1) 此表以陳啟天留學教育宗旨與政策文中之統計為根據，另加百分比及等第兩項。

第三表　民國十年至十五年歐美留學生籍貫及所適國別表(1)

年	留學國＼籍貫	江蘇	浙江	廣東	安徽	福建	四川	湖北	湖南	直隸	江西
民國十年	美	31	11	8	7	5	5	6	3	3	3
	法	4	3						1		
	德		2		2	1					1
民國十一年	美	35	17	21	9	9	8	11	6	14	13
	英							3			
	法	1	1			1					
	德	15	18	5	8	5	18	1	8	1	
民國十二年	美	55	25	11	6	10	10	13	2	5	6
	英			1							
	法	1	2				2				
	德	3	2		1		2		1		
民國十三年	美	29	13	4	6	12	1	2	4	3	5
	英	1						5	1		
	法	8	1	3	6	1		1	6	1	1
	德	2			5						1
	比	2					1				
民國十四年	美	23	6	22	4	10	1	1	2	2	2
	英	1	1		4	2					
	法	6	4	9	4		7	1	5	1	
	德	2									
	奧	2									
	菲			1		1			1		
	比		1								
	澳洲			1							
總計		221	107	86	62	57	55	44	49	40	32
百分比		18.60	9.03	7.23	5.22	4.80	4.63	2.71	3.37	3.37	2.67
等第		2	3	4	5	6	7	8	9	10	11

山東	河南	山西	奉天	貴州	廣西	甘肅	陝西	雲南	吉林	新疆	臺灣	綏遠	察哈爾
6	2	5		1									
			2										
12	6		2	3	1	2		2	3				
1	1	3	1		1		2						
5	6	2	3	3	1		2			1	1	1	
	1			2				1					
3	5	2	1	1									
1	1												
	1	1	2	1	1	2		1	1				
1						1							1
					1								
			1										
29	23	13	12	11	5	5	4	4	4	1	1	1	1
2.44	1.94	1.19	1.01	0.92	0.42	0.42	0.33	0.33	0.33	0.08	0.08	0.08	0.08
12	13	14	15	16	17	18	19	20	21	22	2.	24	25

全年總數	全國總數	未詳
181	165	69
	[illegible]	
	8	
281	187	13
	3	
	3	
	88	
212	193	15
	1	
	5	
	13	
270	09	118
	12	3
	31	3
	15	7
	3	
245	180	97
	13	2
	42	4
	3	
	2	
	3	
	1	
	1	
1189		331
100.00		27.93
		1

(1) 此表以環球學生會民國十五年特刊之調查錄爲根據，但數目與該刊所載者不符，因實際查對，該刊表中所列之數有錯誤也。該刊原有日生九人，此表未列入：因該會之調查以由該會經理出國事務者爲限，留日無須護照，故去該會者少，因而五年中只有九人，實際絕不只此數。歐美各國留學生，大概須經該會照料，該刊雖非正式機關發表的調查，但大致當可靠。故據以統計。

第四表　民國十年至十四年歐美官費生國別等第表

國別	十年	十一年	十二年	十三年	十四年	總計	百分比	等第
美	一六五	一八七	一九三	二〇九	一八〇	九三四	七八·五五	1
英	〇	三	一	一二	一三	二九	二·四四	4

法	八	三	五	三一	四二	八九	七·五〇	3
德	八	八八	一三	一五	一三	一二七	一〇·六九	2
奧	〇	〇	〇	〇	二	二	〇·一七	7
比	〇	〇	〇	三	一	四	〇·三三	5
菲	〇	〇	〇	〇	三	三	〇·二五	6
澳洲	〇	〇	〇	〇	一	一	〇·〇八	8
總計	一八一	二八一	二一二	二七〇	二四五	一一八九	一〇〇·〇〇	
百分比	一五·二三	二三·三五	一八·〇三	二二·七九	二〇·六一	一〇〇·〇〇		
等第	5	1	4	2	3			

從上三表看來，使我們最注目者兩事：第一全國出洋學生特別叢集於日本及美國，第二江蘇及浙江之留學生特別趨重於美日兩國，就第二第四表所載，留學歐美及日本學生二千五百八十二人，日本學生一〇七五人，佔百分之四一·五一，美國生九三四人佔百分之三三·八五，合之佔百分之七五·三六，爲其餘各國留學生總數之

三倍强。再按第十一章所舉之官自費留學約計總數七千二百名，日美兩國學生佔五千四百八十七人亦佔百分之七十六强。此兩國學生如此之多，是否不蹈教育部停送留美學生公文（見第七章）中所說『潛植一國之精神勢力』的弊端？其次就第三表之五年出國歐美留學生總數看來，江蘇學生佔百分之一八・六〇，已超該省應有之比例率百分之一五・五一（前表籍貫連未詳共二十六項，均之爲三・八五）而該省五年去歐美之留學生二百二十一人，去美國者竟一百七十三人爲全數百分之七十九强，爲各表任何比例率之最大數。浙江五年中留美學生佔百分六十七强，亦爲畸形，不過稍次於江蘇而已；而照第二表，浙江留日官費生一百二十名，佔百分之一一・一五，亦超過該省應有之比例率六・三九（該表省費共二十一項，均之爲四・七六。）而該省留日學額佔國外留學總額的百分之八十七弱，亦爲各表任何比例率之最大數。此輩留學日美之學生回國後固有特殊的地位，社會上各種事業受其影響甚大，而其他各省——尤其是內地——又大概步武江浙，江浙文化而日美化，與全國日美化相去或者不很大遠。這是派遣方法之第四問題，——而且是最大的問題。

學科分配　學科分配也是很重要的問題，茲先錄統計表兩種如下：

第五表　民國十年至十四年歐洲官自費生學習科目表

學科＼年	民國十年	民國十一年	民國十二年	民國十三年	民國十四年	各科總數	百分比	等第
哲學	1	2	2	4	2	11	0.93	12
宗教	2	1	2	2		7	0.59	13
心理學		1		2	3	6	0.50	15
社會科	3	5	4	5	2	19	1.61	11
法政經濟	21	29	3[illegible]	57	45	185	15.56	3
教育	10	20	14	6	8	58	4.80	6
文科	2	2	8	7	11	30	3.51	9
新聞學	2	3	1		1	7	0.59	14
圖書館學				1		1	0.08	17
理科	8	16	18	34	23	99	8.32	5

科目＼留學國	日
文	25
理	24
法	1[illegible]8
商	53
醫	156
農	50
工	279
師範	64
預備	267
其他	58
總計	1084
等第	1

第六表　民六留歐美日官費生分科統計表(1)

	工科	農科	商科	醫科	外交	軍事	藝術	未詳	總計
	44	8	27	13		10	3	27	181
	45	4	21	10		3	1	118	281
	47	12	17	10	2	2	5	35	212
	[illegible]7	11	11	11			17	45	270
	44	15	24	9		10	4	44	245
	237	50	100	53	2	25	30	269	1189
百分比	19.93	4.12	8.43	4.36	0.17	2.11	2.51	22.81	100.00
等第	2	8	4	7	16	10	9	1	

等第	百分比	總計	瑞士	比	德	法	英	美
10	3.42	48	1	—	2	6	3	11
9	3.65	51	—	—	2	13	8	4
3	12.76	178	—	—	2	22	13	33
6	4.71	67	1	—	—	1	3	9
4	12.02	168	—	—	1	3	6	2
5	5.01	70	—	—	2	5	5	8
1	29.80	416	4	12	15	13	29	64
7	4.68	64	—	—	—	—	—	—
2	19.78	276	—	—	—	9	—	—
8	4.15	58	—	—	—	—	—	—
		1396	6	12	24	72	67	131
			7	6	5	3	4	2

(依民六敎育統計作成)

(1) 錄陳啟天：留學敎育宗旨與政策之表，另加百分比。

從上兩表看來，均以工科學生爲最多：第五表工科超過其應有的比例率一四・三八，第六表超過一九・八〇，而第五表，工、農、商、醫、新聞、圖書館、敎育等應用科學合計爲百分之四三・三七，文理、社會、心理、哲學等理論科合計只一三・九六，不及應用科數量三分之一；第六表醫、農、工、商教育等應用科目為百分之五一・二一，文理科只百分之八・〇七，不及應用科六分之一。派遣留學之目的在提高學術與使學術獨立，現在出國習應用科者如此之多，習純理科者如此之少，如何能實現留學應有的目的，此派遣方法之第五問題。

2、自費生　自費生因資格限制既寬，又不須經過考試，所以資格與學習科目均成問題。從第七表看來，自費留學生中學肄業的佔百之六・〇二，畢業的占百分之四二・一四，大學及專門學校肄業百分之二九・八四，畢業的百分之二一・九九，中學以下出身者約及二分之一；第八表看來民國十年至十四年留學歐美自費生的資格雖較民七至民十者提高許多，但中學以下學生亦占百分之一五・七〇。中等學生無論在年齡與學力上均不能至國外研究學術，時間與金錢既不經濟，而使髫齡童子薰染於外國教化之下，於國家前途亦無裨益。中學畢業以上學生，雖其識力大概較優於未成年之中學生，但亦不必去國外受大學教育。從第九表看來，自費生習法政者特多，第十表則習應用科學與工程者特多：法政學生特多，固足以表示自費生無科學的根基，一般應用科學與工程，亦最大部分可以在國內學得，不必遠適重洋，徒耗多金。至於留學生所適國別，無論從九表與第十一表看來，均特別叢集於美國：第九表留美自費生占自費生全額百分之四八・八〇，第十表占歐美自費生百分之六八・九〇，爲歐美官自費總數之三七・〇〇，美國生活比世界任何國爲昂，而自費生如此之多，教育部所謂『入美國學校甚易，且可以國內學年資格插班聽講，不及二三年而取得畢業資格歸國者甚多，所以自費生趨之若鶩』的話，確爲一種重大原因。這種務空名不求實際的虛榮心很足以使學術退化，還說以留學爲求學術獨立的政策，更何況有『潛植一國之精神勢力』而有亡國之危險。這是事實明示我們關於自費留學生的第一問題。

此外還有一事爲國人不大注意者，即教會學生出洋問題。照現在法令所規定，未經立案者無參與文官考試及留學考試之權，故官費留學生除清華考選學生不受此項法令限制外，其餘省費額中無教會學生取得官費資格者，因而自費生特多。從第十

第七表　自費留學生出身統計表(1)

校別		文科	理科	工科	醫科	法科	商科	教育科	農科	普通科	總計
中學肄業	民七										
	民八									7	7
	民九							2		13	15
	民十							1		3	4
中學畢業	民七			3						11	14
	民八			1				2		45	48
	民九			1				9	1	70	81
	民十				1			4		34	39
大專肄業	民七	2		1		2			1	2	8
	民八	2			2	9	1			13	27
	民九	1		10	2	17			1	29	63
	民十	2		3		10	1		1	14	31
大專畢業	民七		1			1					2
	民八	9	2	4	1	5		1	1	1	24
	民九		2	14	8	8		7	1	9	46
	民十	1	1	5	2	14					23

（依據民七至民十教育公報作成）

總計及百分數	26 6.02%	182 42.14%	129 29.84%	95 21.99%

(1) 錄陳啟天：留學教育宗旨與政策之第三表

第八表　民國十年至十四年留學歐美自費生出身統計表(1)

年別	國別	出身學校：大學	專門	大學預科	中等學校	其他	未詳	各國總數
民國十年	美	41	17	1	10	1	4	74
	德		6					6
民國十一年	美	44	15		14	1	3	77
	法	3						3
	德	34	19		24	1	4	82
民	美	57	11		6		8	82

國十二年			民國十三年					民國十四年					
英	法	德	美	英	法	德	比	美	英	法	德	比	奧
1	1	1	93	1	5	2		55	4	13	1		
	3	3	7	1	13	4	3	5	2	12	2	1	2
						1							
		7	10	1	6			13		6			
			2										
			18	1	4	3		3					
1	4	11	130	4	28	10	3	76	6	31	3	1	2

年		總計	百分比	等第
澳洲	菲			
1		357	55.90	1
		126	19.75	2
		2	0.31	6
	3	100	15.70	3
		5	0.78	5
		48	7.53	4
1	3	638		

(1) 根據寰球學生會民國十五年特刊作成

第九表　自費留學生預定留學國及學科統計表(1)

國別／學科	美	日	德	英	法	瑞士	總計	百分比	等第
文科	11	2	1	2	1		17	3.90	7
理科	18	4	7	2	1		32	7.35	5
工科	57	36	5	6	3	1	108	24.79	2

）依據

第十表　民國十年至十四年歐美自費生學科統計表(1)

醫科	法科	商科	農科	教育科	普通科	預備	不明	總計	百分比	等第
7	62	14	8	14	4	1	17	213	48.80	1
17	38	14	4	1	4	3	30	153	35.10	3
9							3	25	5.73	4
	9	1					6	26	5.96	3
	3	1		2				11	2.52	5
7								8	1.84	6
40	112	30	12	17	8	4	56	436		
9.17	25.68	6.89	2.75	3.89	1.83	0.92	12.85			
4	1	6	9	8	10	11	3			

民七至民十教育公報作成（

(1) 錄陳啟天原表，另加百分比。

年別	十年		十一年			十二年				十	
科別　國別	美	德	美	德	法	美	英	德	法	美	英
理科			2			2		1	1	17	
工科	3	3		4				1			
工程	19		7			9			1	20	
礦科			5			1				1	
製造						1					
機械			2			3				9	
水利						1					
紡織	3		1			2				1	1
工商管理	1										
鐵路管理			1								
文科	1					2				2	
社會	1		2			2				1	1
經濟	5		3			3				5	
哲學	1		1							1	
教育	2		5	2		7				5	
新聞	1		1								
政治	4		7			1				9	1
法律			2							3	
醫學	5	3	4	3		5		1		6	
商科	14		9			17				11	
農科	4		3			4				6	
藝術	1					2				5	
神學	2		1							2	
圖書館										1	
軍事											
外交						1					
普通											
未詳	7		21	73	3	19	1	8	2	25	1
總計	七四	六	七七	八二	三	八二	一	一二	四	一三〇	四

等第	百分比	總計	十四年								三年		
			澳洲	菲	奧	比	法	德	英	美	比	法	德
4	5.65	36					4		1	6		2	
10	3.30	21				1	2	2			3		2
2	12.40	79					5		2	13		3	
17	1.10	7											
22	0.16	1											
12	2.50	16					1			1			
23	0.16	1											
16	1.25	8											
24	0.16	1											
25	0.16	1											
14	2.09	13					1			7			
15	1.57	10							1	2			
7	4.07	26					1			9			
19	0.63	4								1			
8	3.92	25					1			3			
20	0.47	3								1			
6	4.54	29					2		1	2		1	1
13	2.50	16					2			5		3	1
5	5.17	33			2		1	1		1		1	
3	10.35	66	1	1			2			11			
11	3.14	20					1			1		1	
9	3.47	22					4						
18	6.79	5										1	
26	0.16	1											
27	0.16	1					1						
28	0.16	1											
21	0.31	2		1						1			
1	29.90	190		1			3		1	12		7	6
		六三八	一	三	二	一	三一	三	六	七六	三	二八	一〇

(1) 根據寰球學生會調查錄

第十一表　民十至十四五年間官自費生所適國別表

國別	費別 官費	費別 自費	總計	自費所適國別百分比
美	四九五	四三九	九三四	六八・九〇
英	一八	一一	二九	一・七三
法	二三	六六	八九	一〇・三二
德	一五	一一二	一二七	一七・〇八
比		四	四	〇・六三
奧		二	二	〇・三二
菲		三	三	〇・四七
澳洲		一	一	〇・一七

總計	五五一	六三八	一一八九
百分比	四六・三〇	五三・七〇	

第十二表　民十至十四五年間歐美自費留學生教會非教會出身表

出身學校		民國十年 美	民國十年 德	民國十一年 美	民國十一年 法	民國十一年 德	民國 美	民國 英
大學	教	17		27			20	1
	非教	24		17	3	34	37	
專門	教	4		2				
	非教	13	6	13		19	11	
大學預科	教							
	非教	1						
中等學校	教	3		6		2	5	
	教非	7		8		22	1	
其他	教							
	非教	1		1		1		
未詳		4		3		4	8	

民國十二年	法	1			3							
	德		1		3			1	6			
民國十三年	美	47	46		7			9	1	2		18
	英	1			1				1			1
	法	3	2		13				6			4
	德		2		4		1					3
	比				3							
民國十四年	美	15	40		5			5	8			3
	英	1	3		2							
	法	6	7		12				6			
	德		1		2							
	比				1							
	奧				2							
	澳洲		1									

非		總計			
3	139	敎 181 % 30.68	非敎 409 % 69.32		
	218				
	6				
	10				
		敎會學生國別			
	2	美 162 % 89.40	法 10 % 5.63	非 3 % 1.67	
	34		英 3 % 1.67	德 3 % 1.67	
	66				
	2				
	3				
	48				

二表看來，敎會出身之自費生占百分之三〇・六八（除去未詳者）而去美國者爲百分之八九・四〇。此兩種數目在表面上似不發生問題，但實際却不然，因爲留美自費生雖然多於其他各國，但最大比例率還只百分之六八・九〇，而敎會學生則占百分之八九・四〇，超過其應有比例率約四分之一，由此亦可證明敎會自費生仍是特別多去美國。敎會出身學生只佔全自費生額百分之三〇・六八，單獨看來，比例率並不甚大，但以非敎會高等學生與敎會高等學生比較則超過甚多：據中華敎育改進社一九二二年發表之統計，中國自立專門以上學校學生三四八八〇人，據中華基督敎敎育會一九二五發表之統計，敎會專門以上學生爲三九〇一人，兩者爲九與一之比，

而自費留學生爲七與三之比，教會自費生超過其應有數三分之二，（其中中學生因無教會學生統計故未詳比，但非教會學生亦有中學生，二者約可相銷。）教會學生最大多數（據基督教教育會統計，教會大學生來自教會中學者百分之七十四。）自始至終均受教會教育，而在現在情形之下，教會教育無不外國化，以留學生出國去受教育，已成中國不可收拾的教育病象，再以教會學生去受外國化教育，結果於中國學術之獨立反有重大影響。美國無時不注意於同化外國移民，(1)而中國却有形無形之間隨處實行外國化。這是事實昭示我們關於留學之又一問題。

4、清華留美生　清華學校之基礎既建築於美國退還庚子賠款之上，一切辦法自不能不受美國支配。清華本身問題近已逐漸使人注意，多有起而討論改革者，該校亦有謀改大學之計劃。將來留美學生辦法或將有重大變更，亦未可知。不過就已有的事實看來，清華派遣留美學生實有大可商討之餘地。照第十三表統計，十七年來，只派

(1) 常道直：美國教育之管窺（教育雜誌第十八卷四號）

學生一〇三一人，而留學經費每年一百五十萬元，共用去一千九百五十五萬元，只得學生如許（前幾年人數較少每年用不着許多經費，但現在初出國之學生還須支用五年始能回國，故仍以十七年計算）。即使學生人人成材亦極不經濟，而況不能如所預期！此清華留美生之第一問題。留學目的在使國內學術獨立，則出國者當以研究學術為最重要目的：研究學術而有成功，第一要研究者對於某種學術有熱烈研究的自動動機，第二要研究者對於該學術有相當的基礎，第三要研究者瞭解國情能應用所得改進國內學術。清華設立，既以培植留美預備人才為目的，凡入清華者只能在清華高等科畢業，俱要留美，故選擇留學科目尙常常發生問題（散見於清華週刊之論文及通信中）。當然說不到對於某種學術有熱烈研究的自動動機。而且該校留美學生，除考送者外，均由該校中等科升遷而來，因該校為實現其目的而使一切美國化之故，（曾到該校者大概能實際感觸及此），在國內既不曾受深切的國家教育，自難說到對於國情有深切的瞭解（該校畢業生之留國運動即足為此言之證）。而匆匆數年高等教育，要說對於某種學術有適當的基礎，亦是事實上之難能。（該校畢業生至美仍受大學教育二年三年不能入研究院，卽其明證。）該校學生對於出國研究學術之三種要素都不備具，而每年照例派遣前去，遂致造成許多不中不西的人材，於國計民生的裨益實少。這是清華留美生之第二問題。清華亦曾考送專科生與女生，專科資格雖嚴，但不及實務人員，女生則以中學畢業生爲限，仍是送至美國受教育；而且二者之額數太少，照第十三表所示，此項學生不過占百分之八・七九。論者以爲清華應自辦大學，多考專科生，實非無的放矢。這是清華留美生之第三問題。清華本校留美生之目的既在去美受教育，所以科目之學習，最大多數爲應用科學，而少研究與學術有關的高深學理。照該校原定規程，留美學生應以百分之八十習實業，農、工、礦、物理、化學、鐵道、建築等科，百分之二十習法政、師範等科，(1) 但第十四表文科約占百分之三十五，第十五表文科實科約各占半數，此固與該校原來目的不合，而該校不在國內施完大學教育，將每生五年留學費使之在美研究高等學術，趨他們大多數於學習與學術少補習

(1) 見第七章

之應用科學，三十九年清華費期滿，恐中國學術前途仍不曾因清華而有變化。此爲清華留美之第四問題。

第十三表　歷年清華留美學生人數表(1)

年別＼學生別	甄別生	本校生	女生	專科生	總計
一九〇九	四七				四七
一九一〇	七〇				七〇
一九一一	六二				六二
一九一二		一六			一六
一九一三		四三			四三
一九一四		三四	一〇		四四
一九一五		四一			四一
一九一六		三二	一〇	一〇	五二

	2	1	4	3	
一九一七		三五		七	四二
一九一八		六七	八	七	八二
一九一九		六三		八	七〇
一九二〇		七九			七九
一九二一		七六	一〇	一〇	九六
一九二二		六三			六三
一九二三		八一	五	五	九一
一九二四		六三			六三
一九二五		七〇			七〇
總計	一七九	七六二	四三	四七	一〇三一
百分比	一七•三六	七三•八五	四•一七	四•六二	一〇〇•〇〇

(1) 據中華教育界第十五卷九期常道直：留美學生狀況與今後之留學政策文中所舉之數目作成

一九二四及一九二五年人數據環球學生會十五年特刊校正加入。甄別生為清華未成立及未有畢業生以前考取之學生。

第十四表 民十至十四年間清華留美生分科表(1)

科別 \ 年	民國十年	民國十一年	民國十二年	民國十三年
理科	2	1	3	5
工程及工藝	12	25	29	17
農科	4	1	8	3
醫科	2	1	3	2
商科	10	12	16	1
紡織	1			
機械		2		
應用化學		5		
獸醫		2		
電機			1	
鐵路管理	1	2		
社會		3	2	1
政治	1	5	7	6
法律		3	2	1
文學		3	5	7
藝術	2	1	3	1
數學	1			
經濟	7	7		16
教育	5	9	4	
哲學		1	2	3
新聞	1	2	1	
宗教			1	
軍事		2	2	
航空	1	1		
外交			1	
未詳	18		2	
總計	68	88	92	63

民國十四年	總計	百分比	等第
8	19	4.98	8
12	95	24.83	1
11	27	7.07	4
3	11	2.88	11
11	50	13.08	2
	1	0.26	22
	2	0.52	19
	5	1.31	16
	2	0.52	20
	1	0.26	23
1	4	1.05	17
	6	1.57	14
5	24	6.29	5
	6	1.57	15
3	18	4.72	9
	7	1.83	12
	1	0.26	24
5	35	9.17	3
3	21	5.50	6
1	7	1.83	13
	4	1.05	18
	1	0.26	25
8	12	3.14	10
	2	0.52	21
	1	0.26	26
	20	5.24	7
71	382	100.00	

(1) 根據寰球學生會民國十五年特刊調查錄作成。歷年人數與第十三表所舉者稍有差異，不過據此可以窺見清華留美生出國時預定的分科情形。(照該校章程，非經校長允許不能改科，到美後之變更甚少)

第十五表　一九二四——至二五年清華留美學生學科分數表(1)

科目	人數	百分比	等第

工科	化學工程	二二	一一〇	三一・四二	1
	機械工程	一九			
	土木工程	一八			
	電氣工程	一七			
	其他工程	三四			
文科		三八		一一・七〇	3
商科		四五		一二・八六	2
農科		二二		六・二九	7
醫科		一九		五・四三	8
理科		三六		一〇・五四	4
政法		二四		六・八六	6
宗教		一		〇・二九	11
經濟		二八		八・〇〇	5
教育		一五		四・一九	9

其他	二二	三・四二	10
總計	三五〇	一〇〇・〇〇	

(1) 據李建勳：留美學生狀況與今後之留學政策文做成。

此外還有一事爲清華與其他留學生的共同問題，卽畢業歸國之留學生其職業與在學時所習之科目不相乘，而且有集中於敎育界之趨勢。照第十六表所示，習工程者五十八人，而第十七表業工程者只二十九人，習礦科者二五人，業礦務者只二人，習農科者一〇人，業農務者一人。以上均係職業與學科較所任之專職不及所習之專科的二分之一以至十二分之一。又第十六表習商科者十六人，業銀行、公司、洋行者一〇二人，超過六倍餘，專習敎育者只一人，而專爲高等中等學校敎職員及其他敎育事務者已一七七人，再加以敎育爲本業而兼他種職務者共爲一八九人，爲任何職業之最多數：我們知道敎員的來源，不只是專習敎育，從理論上講，習哲學與科學文學者均可以敎員爲職業，若將習哲學，科學文學等科之人數相加共一八八人，爲數約略相等，但細查習科學之一二七人，中有七一人非教育職務（此七一人中已故者四人，未詳者一一人，服務於公司者一六人，服務於鐵路及銀行者各一〇人，工程七人，洋行航空各三人，技士二人，教會、礦務、外交官、編輯、農業各一人）此七十一人今塡補者多數爲工程師。由此可知職業與學科之差異甚大。至於第十八與第十九表及第二十與二十一表之比較，其顯示學科與職業不相乘及職業集中於教育界之情形也與前二表相似。若將三表之以教育爲專門職業者相加共爲一九八人，爲全數（除去三表未詳及已故之一〇六人。）百分之四一·四〇；倘將以教育爲本業而兼任他職者合計，共爲二一一人，則占全數百分之四三·三五，集中於教育界之情形更顯而易見。此種現象，固有一部分係由於社會事業之不發展，而留學生之無創造力，却係很重大的原因：因爲遣派留學生之主要目的原在養成專才爲社會創業以謀振興國家也。其他留學生之歸國者其職業分配狀況如何，無可靠之材料以爲統計的根據，故無從懸斷其結果。清華歸國生之職業分配，係以該校最近之一覽上所載之各個姓名學科職業等等爲本，對於清華生之推論自係可靠，卽以此推證全國留學生職業狀況，當亦得其大概。故此事一面爲清華的特殊問題，一面爲全國留學界的普遍問題。

第十六表 清華歸國生各科分配表＊

批數 人數 科別	哲學	科學	法學	文學	教育學	新聞學	軍事學	農科	商科
一 (1909)	4	18		1				2	
二 (1910)	8	22		1				1	1
三 (1911)	6	13	3				1	1	2
四 (1913)	3	4						1	
五 (1914)	3	4	1					1	1
六 (1914)	2	4	1					1	3
七 (1915)	3	5	1						
八 (1916)	5	7	1	1					1
九 (1917)	4	15	1					1	
十 (1918)	11	13		1	1	1			1
十一 (1919)	4	16	1	1				2	4
十二 (1920)	2	6							3
十三 (1921)									
十四 (1922)									
十五 (1922)									
總計 人數	56	127	9	5	1	1	1	10	16
總計 百分比	10.84	24.20	1.74	0.97	0.19	0.19	0.19	1.88	3.10
總計 等第	3	2	8	10	13	13	13	7	6

鑛科	3	7	5			1	1	1	2	2	2	1				25	4.84	4
醫科		2	2		1	2	2	3	1	1	1	1				16	3.10	6
工程					1		1									2	0.39	12
機械工程	1	4	4		1		2		2	2	2					18	3.49	5
土木工程	1	4	2	2	1	3	1				2					16	3.10	6
電氣工程	1	2					1		1							5	0.97	10
海電工程			1													1	0.19	13
建築工程							1			1						2	0.39	12
化學工程	2	3			1		1			1						8	1.55	9
紡織工程	1											2				3	0.58	11
油礦工程			1													1	0.19	13
陶業工程								1								1	0.19	13
海軍建築工程												1				1	0.19	13
紡織化學										1						1	0.19	13

未詳	13	15	22	6	27	17	23	11	14	16	9	9	5	3	1	191	37.00	1
總計	47	70	63	16	42	34	42	31	41	52	44	25	5	3	1	516	516	

＊以下各表根據民國十四年至十五年清華一覽游美畢業回國學生一覽製成。學科以該册所載之學位爲本，科學係包括各種自然科學及數學而言，故習科學者特多。

第十七表　清華歸國生職業支配表

職業別＼人數＼批數	一 (1909)	二 (1910)	三 (1911)	四 (1913)	五 (1914)	六 (1914)	七 (1915)	八 (1916)	九 (1917)	十 (1918)	十一 (1919)	十二 (1920)	十三 (1921)	十四 (1922)	十五 (1922)	總計 人數	總計 百分比	總計 等第
高等學校教職員	14	22	13	1	10	11	6	8	13	23	15	8	1			145	28.11	1
中等學校教職員	3	5	1	1		2	1	1	4	2	3					23	4.46	8
高等、中等學校教職員					1	2	1	1								5	0.97	14
其他教育事務		1						1								2	0.39	17
高等學校教職員、編輯									1							1	0.19	18

銀行	洋行	公司	鹽務	鑛務	工務	工廠	技士	工業研究	農業研究	編輯	高等學校教職員、官吏	高等學校教職員、鹽務	高等學校教職員、技士
1	2	4	1								1		1
1	3	7				2	8				2		
2	1	7				1	1	1		1	1	2	
2	1	2			1	1	1						
4	1	9					2			1			
3		5											
3		9	1	1			2			1	1		
3		8											
4	2	5				2				1			1
1		3		1		2	1		1		1		
4		3	1			1	1				1		
2						2				1			
30	10	62	3	2	1	11	16	1	1	5	7	2	2
5.81	1.88	12.00	0.58	0.39	0.19	2.13	3.10	0.19	0.19	0.97	1.31	0.39	0.39
6	11	2	16	17	18	10	9	18	18	14	13	17	17

鐵路	銀行、鐵路	銀行、鹽務	官吏	部員	外交官	軍官	航空	臨時職務	慈善	醫院	教會	已故	未詳
6				6	1		2				1	3	1
7			2	2	2							3	3
8	1	1	1	12				1	1	2		2	3
				1							1	2	2
3				2							1	4	4
2										1		3	5
1			1	4						1		3	6
1			3	1						1			3
2			1									1	4
3				1	1	1				2		1	8
3				2				1			1	1	7
1				1			1	1		1			7
1												2	1
												2	1
												1	
38	1	1	8	32	4	1	3	3	1	8	4	28	55
7.36	0.19	0.19	1.55	6.20	0.72	0.19	0.58	0.58	0.19	1.55	0.72	5.42	10.65
4	18	18	12	5	15	18	16	16	18	12	15	7	3

總計
47
70
63
16
42
34
42
31
41
52
44
25
5
3
1
516

第十八表　清華歸國專科生學科分配表

批數　人數　科別	哲學	科學	法學	商科	機械工程	土木工程	電氣工程	紡織工程
一 (1916)	1	2	1		1	1		
二 1917)		3				2	1	
三 (1918)	1	1				3		1
四 (1919)	2	1				1		
五 (1921)	1	2		1		2		
總計 人數	5	9	1	1	1	9	1	1
總計 百分比	13.17	23.64	2.63	2.63	2.63	23.64	2.63	2.63
總計 等第	3	2	4	4	4	2	4	4

批數	未詳	總計
一(1916)	4	10
二(1917)	1	7
三(1918)	1	7
四(1919)	4	8
五(1921)		6
總計 人數	10	38
總計 百分比	26.31	
總計 等第	1	

第十九表　清華歸國專科生職業分配表

批數 \ 人數 \ 職業別	高等學校教職員	中等學校教職員	高等學校教職員、技士	技士	公司	洋行	銀行
一(1916)	4	1			2	1	1
二(1917)				1	5		
三(1918)	2		1		1		
四(1919)	5			1			
五(1921)	2						
總計 人數	13	1	1	2	8	1	1
總計 百分比	34.11	2.63	2.63	5.26	21.20	2.63	2.63
總計 等第	1	6	6	5	2	6	6

	鐵路	市政	未詳	總計
		1		10
	1			7
	2		1	7
	1		1	8
			4	6
總計 人數	4	1	6	38
總計 百分比	10.51	2.63	15.78	
總計 等第	4	6	3	

第二十表 清華歸國女生學科分配表

批數 \ 人數 \ 科別	科學	醫科	未詳	總計
一 (1914)			10	10
二 (1916)		4	5	9
三 (1918)			6	6
四 (1921)	1		2	3
總計 人數	1	4	23	28
總計 百分比	3.58	14.28	82.14	
總計 等第	3	2	1	

第二十一表 清華歸國女生職業分配表

批數	高等學校敎職員	中等學校敎職員	醫院	未詳	總計
一 (1914)	1	1	1	7	10
二 (1916)	1	1	3	4	9
三 (1918)	2			4	6
四 (1921)	1			2	3
總計 人數	5	2	4	17	28
總計 百分比	17.83	7.15	14.29	60.70	
總計 等第	2	4	3	1	

5、管理問題　中國最初派遣學生出洋便有管理員同行爲之照料；光緒三十二年以後，歐美日本有留學生之國家均派有留學生監督，民國初雖改爲經理員，但民國三年以後，仍恢復監督制。最初派遣之學生爲幼童，一切須人照料，派監督猶有可說。誰知這種遺意竟傳衍數十年而不變。從留學敎育本旨講，實無專派留學監督之必要——因爲留學以硏究學術爲目的，並非到外國去受敎育，當然用不着監督，卽有所謂支

給費用問題，亦可由銀行或使署代爲辦理，——卽要考成，責其報告研究心得也就行了，何必視學術研究者爲兒童，事事加以拘束。而況從歷史上看來，任何時代之遊學管理章程均不曾實行不許留學生入外國籍，不許留學生在某種範圍以外自謀他事，乃至於不許留學生與外國人結婚，都是數十年的通例，然而最初主張派遣幼童之容閎，便是入美籍娶美婦的中國第一名耶魯大學生；而第一次派遣去美之幼童梁敦彥等十七名既久假不歸，(1)現在則更有名無實：入籍外國及與外人結婚者皆所在多有。至於不准另謀別業在現在不獨成具文而已，而且政府自己趨其自謀別業；試問教育部與各省政府及淸華學校每年大批派遣學生出國，亦曾於事前調查社會之需要按照派遣，於留學生回國後量才使用嗎？中國政府現在之派遣留學生，與中國一般人民對

(1) 崔國因出使美日祕國日記載『十一年（光緒）九月北洋咨據海關道周馥稱美國肄業學生……不准在外洋入籍逗留及私自先回遽謀別業……前派當差學生梁敦彥等十七名皆久假不歸……殊與定章不符……』（卷一，頁五十二）。

於子女只知生不知敎的情形一樣，留學生回國之流離失所，與並集於一途（如多習應用工程等科的清華生多爲敎師）乃事理之當然，又何足怪。既要管理留學生，對於其出路便不能不負應負的責任，現在派遣者全不注意及此，爲目前社會秩序，與現在留學效率計，實是一個當注重的問題。再從原則上講，留學政策果以研求學術爲目的，根本上用不着派專員至各國爲監督，爲實行政策計，擬訂若干條規明白宣示，使出國者知其用意，自動遵守，或再規定若干考成的條件執法相繩，倘若出國者不能遵守此種題程，根本上便無出國留學預備作學術界領袖與指導國人的資格——卽現在這樣的「嚴格管理，」實際上又何曾有絲毫實效。這是留學管理之重要問題。

留學敎育與中國各方面的關係太複雜瑣細，不能詳述。就上列多事而研究之以求得適當的解決方法，於國家前途已有重大的補益了。

丙　今後的途徑

六十年來之留學史至此將告結束，若問所得，只有一言相答卽：

中國六十年之留學政策均把受敎育當作研求學術，留學界之一切因果均由此觀念造成。

再問今後之途徑如何？亦只有一言，即：

以後的留學政策當以研求學術，改進本國文化為唯一的目的。

無論何時，凡主張留學者，其目的無不在謀國家之強盛。即生於澳門長於美國，且入美籍之容閎，其主張派遣幼童去美，亦以振興中國為言，其他如張之洞、張百熙、劉坤一等更明言派遣遊學生之目的，就是號稱無政府主義者之吳稚暉等其發起留法儉學會亦以造新社會，新國民為言。然而六十年來留學教育之結果竟如此，最重大的原因就是把受教育與研究學術混為一談。

教育為改進國家最重要的工具，誰也承認。可是一國有一國的立國精神，也有其民族特性：此精神與特性自然不是完璧無瑕，因時代上之種種關係，當然有借助他山之必要。但借助是瞭解自己底缺點與他人底優點對症施藥的舉動，不是盲目攜取的行為。所以以教育為改進國家的工具，是用教育的方法昌盛國家，在某種範圍以內，中國自然當吸收歐化，西洋也當吸收東化。這種吸收，無論其列為國家教育政策推行全國，或由一部分人竭力倡行，但都須根據事實爲嚴密的考慮，都是一種對症的藥方。因而一國的教育，都有其針對國家特性力求改進發揚的特質，凡屬該國國民都當受此種教育以期有利於國。這種教育之實施，均當由本國直接負責，不當假手他人；倘由他人代庖，便有發生盲目外國化的危險。中國六十年派遣留學生根本上便不曾認淸此點，所以最初派學生，規定年齡在十六歲以下，學年爲十五年，使他們受完全的外國教育，後來派遣大批中等學生出國及與日本五校特約，淸華學校之美國式的預備教育，畢業生一律出國時種種現象，都是同一病根。留學生既到外國去受教育，一切外國化是應有的結果——倘不外國化便是該外國教育之失敗——現在一般人責難留學生洋化亡國，實則爲悠久的歷史所搆成，並不完全是留學生本身的罪惡。

研求學術的性質則大異：是自動的，有目的的，有計劃的，雖然因國內之需要與其他關係而出國研究，但研究者對於其欲研究的學科有明瞭的目的，且有判斷力能吸取精英以爲己用，一旦出其學術應用卽能對症發藥，所以研究者之資格絕非童年或青年，最少當受過適當的本國教育，瞭解本國國情，對於研究的學術有適當的基礎。中國派遣留學生雖然選派外國留學生規程中有研究必須留學外國之學術技藝之規定，但實際上除極少數人員外，其他仍是去國外受教育。

無論從任何方面講，留學均當以研求學術以改進本國文化爲目的；因爲一國教育之實施本是國家底責任，托人代爲一部分國民施教育，在理既不可通，而從數十年經驗看來，其結果亦太不如人意。處學術貧乏的中國，當然不能再恢復閉關時代之政策，完全停送留學生。不過派遣留學生的政策，要以研究學術以改進本國文化爲唯一的目的。此目的果能確定，則

1、國家應調查國內學術界之需要，通盤籌算，預定每年應派出國研究某種學術的額數，公開向全國招集此項專門人材；留學生研究期滿回國後，應嚴格試驗以驗其所學，及格者應予以適當的事業，使之辦理，俾能展其所長，以免空耗國家經濟，個人精力。

2、個人應有爲學術而學術的自動決心，並對於該學術有適當的基礎，特殊的興趣，出國不是爲博留學頭銜以謀自己祿位，只是忠於所學爲國家效力。

3、清華學校留美預備式的教育與高等科畢業生一律派遣赴美的辦法，當根本取消，應首在國內辦理大學，施以中國的教育；其留學計劃如仍保存，應劃歸國家留學教育事務中辦理。

4、官僚的遊學生監督與具文的遊學管理規程均當完全取消，另訂若干條考成規條，執法以繩。

5、自費生名額應無限制（從國家政策上講：學科分配應有限制，但人民對於某種學術有特殊的熱忱願出國爲進一步的研究，備他日國家之用，自當准其自由）不過仍須經嚴格考試，以驗是否有專門研究某種學術之能力與改進本國文化之志願而免冒濫。

6、遣派大批青年去國外受外國教育的政策，與在國外自辦大學專招國內學生入學的教育方法應完全取銷，（爲華僑自辦大學施以中國教育不在此例，而且也沒有人注意此事）應完全取銷。

打破以受教育替代研究學術的觀念，代以研求學術以改進本國文化爲留學的唯一目的的主張，爲本書的唯一結論，事實上如何實現，則望國人共同努力！

附錄（一）

六十年留學大事記

——自同治九年至民國十四年——

同治九年（1870）　容閎條陳派遣幼童赴美求學。

同治十年（1871）　曾國藩李鴻章奏定選派幼童赴美肄業章程。

同治十一年（1872）　李鴻章奏定選派幼童出洋肄業應辦章程。容閎，陳蘭彬帶第一批學生三十人赴美肄業。

同治十三年（1874）　自建留學事務所於美國哈佛。

光緒元年（1875）　赴美幼童最後一批去美。

光緒二年（1876）　李鴻章選派華弁赴德國習陸軍。李鴻章奏派福建船廠製造學生十四名赴法習製造，駕駛學生十二名赴英習駕駛，並派華洋兩監督分駐英法管理之。

光緒四年　(1878)　撤回全體留美幼童。

光緒十三年　(1887)　欽派傅雲龍等遊歷東洋及美洲，程紹祖遊歷西洋及非洲。

光緒十六年　(1890)　總理衙門奏准出使英、俄、德、法、美五國大臣每屆帶學生二名。

光緒二十一年(1895)　總理衙門奏准出使五國大臣每屆增帶學生二名。

光緒二十二年(1896)　出使日本大臣嘉祐帶學生十三人去日本。

光緒二十四年(1898)　浙江派學生六人去日本習陸軍。

日本使臣矢野文雄函請派學生赴日留學，總理衙門議定派同文館東文生赴日。

光緒二十五年(1899)　上諭出洋學生肄習實學，總理衙門遵諭議定章程六條。

光緒二十七年(1901)　呂海寰奏防出洋學生流弊。

光緒二十八年(1902)　前任出使英義比國大臣羅豐祿會同出使德國大臣蔭昌、法國裕庚、美日祕伍廷芳，俄國胡惟德，英義比國張德彝因總理衙門根據呂海寰奏議咨請發表意見，復述遊學生應設監督管理。

留日自費生請入成城學校事大鬧使館。

外務部奏請簡派日本遊學生總監督，並派汪大燮爲總監督。

宗人府奏宗室子弟分別出洋遊歷遊學。

光緒二十九年（1903）

江督張之洞奏定約束鼓勵遊學生及自費生立案章程。

管學大臣張百熙奏派京師大學堂速成生余棨昌等三十一人赴日本，俞同奎等十六人赴西洋留學。

張百熙、榮慶、張之洞奏訂獎勵遊歷遊學章程。

張之洞選派江南水師學堂畢業生八人赴英習海軍，陸師學堂畢業生八人赴德習陸軍。

鄂督端方在湖北各學堂中選錦銓等八人赴德，劉慶雲等十人赴美，蕭煥烈等四人赴俄，並派楊蔭蘘等二十四人赴比國習實業。

禁止自費生習陸軍。

光緒三十年（1904）

練兵處奏定選派陸軍學生分班遊學章程，並派學生百名赴日。

四川派監督率學生赴日本習速成師範。

出使日本大臣楊晟咨各省送學生務取保狀以免流弊。

直督袁世凱奏請考驗留日回國學生。

出使比國大臣楊晟奏請派學生每省十人至四十人赴比習實業，並擬定章程十二條。

獎勵遊學生全邦平等以進士舉人出身。

光緒三十一年（1905）

湖南派女生二十名赴日本習速成師範。

奉天派員至日考察教育與日本實踐女校校長下田歌子約每年派女生十五名至該校習師範。

日本文部省發布清韓留學生取締規則，中國留日學生全體罷課要求取銷，湖南陳天華並因此蹈海，全體學生歸國，翌年創中國公學於上海。

光緒三十二年(1906)

學部限制留學生，非具中學畢業程度概不咨送。

學部奏定翰林出洋遊歷遊學。

定考驗遊學生章程，每年八月舉行考試一次。

學部以留日學生達萬二三千人，停送速成生。

定遊歷章程。

定管理日本留學生章程。

賞給遊學畢業生陳錦濤等進士舉人出身，並分發京內外補授實官。

練兵處奏定陸軍學生遊學歐美暫行辦法十二條。

派貴胄遊學。

光緒三十三年(1907)

江蘇考選女生三人赴美。

學部因日本留學生習普通科畢業願入官立高等者將二千人，特與日本東京一高、東京高師、東京高工、山口高商、千葉醫專五校定每年共收中國學生一百六十五人，經費由各省分攤。張之洞奏派江蘇淮揚道尹蒯光典為歐洲遊學生監督。

光緒三十四年（1908）

改管理日本遊學生監督處章程。

御史俾壽奏請選學生分派各國習工藝，學部、商部籌議限制以後官費生均須習實業。

定廷試遊學生章程，並於八月舉行廷試。

宣統元年（1909）

分派法、德、俄、英、比五國遊學監督。

美國退回庚子賠款一部分，學部外務部議定派遣留美學生辦法，並派四十七人赴美。

宣統二年（1910）

禁止東西洋遊學生與外國人結婚。

留東女生補給官費以考入高等專門學校者為限。

改管理遊日學生監督處章程。
留日普通科學生停給官費。
清華學校成立。

宣統三年（1911） 訂留日五校預備學校章程。
停止各學堂實官獎勵，並定從明年起，遊學廷試亦一併停止。

民國元年（1912） 撤銷遊學監督。
蔡元培李煜瀛吳稚暉等創留法儉學會。
參謀部訂陸軍測量生遊學規程。

民國二年（1913） 教育部訂經理歐洲留學生事務暫行規程，改監督為經理員。
交通部發布派赴外國修習實務員規程。

民國三年（1914） 教育部於一月發布經理留學日本學生事務暫行規程，中央設總理員一人，各省分設經理員若干人；十二月改訂管理留學日本學生事務規程，改教育部委經理員為部派監督，各省經理員仍舊。

清華學校於本年開始考送女生十人，以後每間年考送一次。

教育部發布經理留學美洲學生事務暫行規程，改經理員爲監督。

教育部發布管理留學日本自費生規程，自費生以中學畢業及中學以上各校教員爲限。

留法勤工儉學會成立。

民國四年（1915）

留日學生因日本提出二十一條外交問題全體歸國。

政事堂考試留學畢業生，與考者百九十二人，及格者百五十一名，分超、甲、乙、丙四等，分別予以上士，中士，少士，同少士等稱號。

教育部公布管理留歐學生事務規程，改經理員爲監督。

民國五年（1916）

教育部公布選派留學外國學生規程，規定官費生資格爲大學及專門學校二年以上之教授，及國內外大學與專門學校畢業生考試分兩次，第一試由各省舉行，第二試由教育部舉行。

清華學校開始考送專科生十八，以後每年考送一次。

教育部發布管理留美學生事務規程，改經理員爲監督。

教育部定歐美官費學額二十四缺爲直轄各學校教員出洋研究專額。

華法教育會成立，去法儉學生及勤工儉學生漸多。

留日學生因軍事協定問題全體回國，並在上海創救國日報。

教育部訂留日學生監督處簡章。

教育部發布留日官自費獎勵規程，成績優良者獎以二十五元至三百元獎金。

北京美專請教育部於歐美官費二十四缺外酌留名額，爲選派學習美術音樂專額。
海軍部公布駐外使館海軍武官管理留學員生規則。
海軍部改訂英美海軍留學員生規程。

民國八年（1919）　德國馬克跌價，留德學生日多。

民國九年（1920）　清華停送女生及專科學生一屆
留法勤工儉學生與赴德學生均千餘人，法國社會生活漸復原狀，工作困難，待接濟者千七百餘人。

民國十年（1921）　華法教育會通告與儉學生及勤工儉學生脫離經濟關係。
里昂中法大學成立。
勤工儉學生佔里昂大學。
法政府遣勤工儉學生一百〇四人返國。
德國社會生活漸復原狀，學生日少；赴法國者亦少。

民國十二年（1923）　日本文部省設對華文化事務局辦理庚款對華文化事宜，敎育部派朱念祖與該局出淵局長簽定十二條，其第十，第十一，第十二三條專係補助中國在日學生之辦法。

日本對華文化事業補助費額三百二十名，每名每月七十元日幣，於十三年十月份開支。

民國十三年（1924）

北京國立八校派教師學生五十八人去日考察，旅費每人日金五百元，由日本庚款項下供給。

美國發布移民律，限制亞洲學生入境。

教育部因美國移民律及赴美學生過多，通咨各省停派美國留學生，但隨卽取銷。

教育部公布管理自費留學生規程，改自費生資格爲中學畢業及服務教育二年以上者。

民國十四年（1925）

南京派學生教師二十名赴日參觀，辦法倣北京八校例。

交通部爲統一留學事務，公布管理留學生規程二十四條，規定留學目的，並定學額七十名。

民國十五年（1926）南京各校派校長教師二十名去日參觀，辦法如前例。

（二）參考書籍目錄

甲　書本（未絕版者均註明出版處）

光緒政要

光緒諭摺彙存

徐鳳石、惲鐵樵譯：容閎西學東漸記

李文忠公奏稿

桃谿漁隱、惺新會主輯：傅相遊歷各國日記

曾惠敏公全集

崔國因：出使美日祕國日記

張之洞：勸學篇
于寶軒：皇朝蓄艾文編
黃鴻壽：淸史紀事本末（文明）
毛佩之：變法自强奏議
但　燾：淸朝全史（中華）
郭秉文：中國敎育制度沿革史（商務）
李泰棻：中國近百年史（商務）
梁啓超：淸代學術概論（商務）
柳詒徵：中國文化史第三編（原由南京高師印爲講義現改訂由學衡雜誌發表，目前尚無單行本）
欽定學堂章程
商務印書館：民國十三年編訂法令大全
敎育部：敎育法規彙編

振武學校一覽（明治四十年）
清華一覽（清華學校）
馬建忠：適可齋記言
中國年鑑（商務）
留美學生季報（商務寄售）
東方雜誌第一卷至十五卷（商務）
教育雜誌第一卷至第十七卷（同上）
中華教育界第一卷至第十五卷（中華）
新教育（第一卷至第十卷（商務），
少年中國第一卷至第四卷（泰東中華）
MacNair: Chinese Abroad

乙　論文及報告 下列各文有散見於以上各雜誌者特爲註明以便檢查）

塵　末：遺人留學之商權（教育雜誌五卷五號，）二年五月

莊　啟：留法勤工儉學（教育雜誌）十二卷六號，九年六月
常導之：杜威教授論留學問題（教育雜誌十七卷七號，十四年七月）
日本對華文化事業之決定（教育雜誌十六卷三號，十三年三月）
陳啟天：中國新教育思潮小史（中華教育界十三卷二期，十一年八月）
沈宜甲：法國學制大概及留法學生狀況與將來革新意見（同上十三卷六七八期）
怡　怡：留學生問題（同上，十三卷十期）
怡　怡：再論留學問題（同上，十三卷十二期）
陳啟天：留學教育宗旨與政策（同上，十五卷九期）
李　璜：留學問題的我見（同上）
李　璜：法國留學問題（同上）
李儒勉：留學教育的批評與今後的留學政策（同上）
常道直：留美學生狀況與今後之留學政策（同上）
常道直：留美學生與秘密結社問題（同上）

中　九：日本留學問題（同上）

王光祈：留德學生問題（同上）

王崇植：工科學生與留美（同上）

舒新城：中國留學小史（同上）

周太玄：留法學生近況（同上）

陶履恭：留學問題（新教育）二卷二期八年十月

吳稚暉、傅斯年：國內與國外求學問題（新教育）三卷四期

清華保送女生留美問題（新教育）六卷一期

莊澤宣講、李效泌記：告赴美學教育者（新教育）六卷一期

朱斌魁：中國留美學生成功要素問題之陳述（同上）

中國留法勤工儉學會：解決留法勤工儉學生的根本計劃（同上，六卷二期）

兪頌華：赴德留學生之馬克問題（學燈）十一年九月二日

百　弜：留學問題（學燈）十二年十一月九號

曾友豪：從約章公牘及各項報告中所見得的近代中國留學史（學燈，十四年七月十六至十八）

青年會與留學生（東方十四卷九號，民國六年九月）

華　林：與全國各縣籌派縣公費留法商榷書（同上）

汪精衞、蔡元培、李石曾、吳玉珊：留法儉學會演說會之演說（同上）

胡先驌：留學問題與吾國高等教育之方針（同上二十二卷九號，十四年五月）

譚書麟：一封告留美通信（晨報副刊十二年三月一日至三日）

羅志希：留學生帶線裝書出國問題（晨報副刊十二年十月十九日）

鈍　雲：一個留法儉學生的信（同上十二年十一月二十六日）

關錫斌：美國最近學生生活和留學生的關係（同上十四年二月一，二日）

沈宜甲：安徽留法勤工儉學生第一次報告書（安徽教育月刊二十四，五號）

陳坦夫：蔡元培到法對於勤工儉學會之通告（同上，三十七期）

留法勤工儉學生之經過紀實（同上，五十三期）

吳建邦：我個人留法近況（同上，五十五期）

胡定安：我對於留學的主張（覺悟十二年一月八日）

陳東原：對於安徽省送留學生的建言（同上，二月十一日）

西　林：「女學生」與「留學生」（現代評論第二十期）

擘　黃：「不務正業」的留學生（同上，三十五期）

梁實秋：留美學生與兄弟會（醒獅第七十期）

楊雲竹：留學制度有改善之必要（京報副刊第四册，十四年三月七日）

李儆漢：留學生的天職（學生雜誌）八卷十二號，十年十二月

吳稚暉：論旅歐儉學之情形及移家就學之生活（新青年）四卷二號，七年二月

萬兆芝：解決留學問題之方法（敎育叢刊）一卷四集，九年十二月

敎育與人生週刊第二十，二十一，二十七期紀事

蘇　橋：在法華人的消息（洪水半月刊第十七期，十五年五月十六日）

李　璜：留學雜評（少年中國第二卷六號）

李宗武：留學日本問題（教育第二期民國九年）
李宗武：最近日本考察的感想（少年世界第一卷六號）
賫璧如：留日雜感（同上）
留法儉學會章程（東方雜誌十四卷四號內外時報欄）
北京留法儉學會簡章（新青年三卷二號）
丙午士官學校中國學生姓名錄（南洋兵事雜誌第十七期，光緒三十三年十二月）
羅振常：論攷試留學生之宜注意（教育世界第一百三十八期，光緒三十二年十月）
中國之新民：記東京學界公憤並述余之意見（新民叢報七十一號，光緒三十一年十

二月）

一諤：回國留學生狀況（國聞週報二卷十九期）
梁朝威：勗我在美同學（清華週刊二八九期）
陳廷銳：彈劾清華學制（同上）
余家菊：民族主義的教育（國家主義的教育第一篇）

王化成：對於母校的當事和同事的建議（清華週刊十週紀念增刊）

丙　公牘

曾國藩：選派幼童赴美肄業辦理章程摺（同治十一年）
李鴻章：選派幼童出洋肄業應辦章程摺（同治十一年）
李鴻章：選派船政生徒出洋肄業章程摺（光緒二年）
李鴻章：選華弁出洋習藝並洋弁給獎片（光緒二年）
李鴻章：調回管帶幼童駐洋肄業人員請獎摺（光緒四年）
李鴻章：派往外洋華弁學成回華給獎摺（光緒五年）
李鴻章：德國提督教導華弁出力給獎片（光緒五年）
李鴻章：德國武員教導華弁出力給獎片（光緒五年）
李鴻章：閩廠生徒肄業期滿回華華洋教導出力各員給獎摺（光緒七年）
李鴻章：續選閩廠生徒出洋摺（光緒七年）
總理衙門：遵議出洋學生肄業實學章程摺（光緒二十五年）

總理衙門：遵議派員携帶學生出洋肄業宜辦事宜摺（同治十一年）
總理衙門：遵議遴選生徒遊學日本事宜片（光緒二十五年）
外務部：議覆派赴出洋遊學辦法章程摺（光緒二十八年）
外務部：請簡派日本遊學生總監督摺（光緒二十八年）
外務部：議覆四川籌提間款選派學生出洋遊學摺（光緒二十八年）
外務部：劄自備資斧學生不准入士官學校文（光緒二十九年）
張之洞、劉坤一：覆議新政三摺
張之洞：約束鼓勵出洋遊學辦法章程摺（光緒二十九年）
張之洞：選派水陸各師學堂學生出洋肄業片（光緒二十九年）
張百熙：獎勵職官遊歷遊學章程片（光緒二十九年）
張百熙：派學生赴東西洋各國遊學摺（光緒二十九年）
練兵處：選派陸軍學生分班遊學章程摺（光緒三十年）
載澤：查覆日本遊學生聚衆滋事情形摺（光緒二十八年）

袁世凱：遣派學生赴日遊學片（光緒二十八年）
袁世凱：遊學日本畢業回國供差北洋各學生照章咨送考驗摺（光緒三十年）
宗人府：宗室子弟分別出洋遊歷遊學摺（光緒二十八年）
端　方：派學生前赴比國遊學摺（光緒二十九年）
端　方：派學生前赴美德俄三國遊學摺（光緒二十九年）
楊　晟：陳兼管學務情形摺（光緒三十年）
（以上均見約章成案滙覽卷三十二上下）
通行各省選送遊學限制辦法電（光緒三十二年二月十九日）
附奏遵議選派翰林出洋遊學遊歷片（光緒三十二年四月初二日）
附奏考試遊學畢業期限片（光緒三十四年四月二十二日）
通行各省限制遊學並推廣各項學堂電（光緒三十二年六月十八日）
通行京外給咨出洋遊歷簡章文（光緒三十二年七月二十日）
奏定考驗遊學畢業生章程摺（光緒三十二年八月十五日）

奏定管理遊學日本學生章程摺（光緒三十二年十月十七日）
奏明續訂管理遊學日本學生章程摺（光緒三十二年十一月十三日）
會奏請派貴胄出洋遊學摺（光緒三十三年十一月初一日）
奏請欽派大臣會考進士遊學畢業各員並酌擬考試章程摺（光緒三十三年十一月初五日）
奏定日本官立高等學堂收容中國學生名額及各省按年分認經費章程摺（光緒三十三年十一月三十日）
咨使日大臣限制留日私立大學學生入學程度及送京考試資格各辦法文（光緒三十四年七月初二日）
附奏遊東私立法政各大學堂畢業生先考普通學一場片（光緒三十四年八月初十日）
奏改管理日本遊學生監督處章程摺（光緒三十四年九月二十一日）
議覆御史俾壽奏請選派子弟分送各國學習工藝摺（光緒三十四年九月二十一日）

以上見學部奏咨輯要第一編

奏酌擬遊學畢業生廷試事宜摺（光緒三十四年三月二十五日）

奏酌擬出洋學習完全師範畢業獎勵摺（宣統元年二月二十五日）

咨使日大臣遊學經費擬定辦法九條文（宣統元年閏二月十三日）

奏酌擬變通遊學畢業生廷試事宜摺（宣統元年四月初七日）

奏遊學畢業生廷試錄用中書擬准改就小京官知縣摺（宣統元年四月十七日）

會奏收還美國賠款遣派學生赴美留學辦法摺（宣統元年五月二十三日）

奏酌擬考試畢業遊學生章程摺（宣統元年六月十五日）

通行各省留學日本早稻田師範畢業生回國後服務五年准給獎勵文（宣統元年六月二十日）

覆日本留學生監督分別學生旅館寄宿舍辦法文（宣統元年六月二十八日）

附奏禁止東西洋遊學生與外國人結婚片（宣統二年三月十五日）

以上見學部奏咨輯要續編

咨覆京師法政學堂准已習東文之中學畢業生及遊學日本普通畢業生選入本科文（宣統二年四月二十六日）
通行各省限制女生遊學及補給官費文（宣統二年五月初三日）
咨覆使日大臣浙江等省學生力難自費者可專送五校肄業其能自費者不必限定五校文（宣統二年九月二十五日）
奏改訂管理遊日學生監督處章程摺併單（宣統二年十一月十九日）
覆使日大臣已入高等專門學生仍給公費普通學生停給電（宣統二年十一月十九日）
奏籌遊學日本高等五校預科摺（宣統二年十二月十六日）
奏擬具遊學日本高等五校預備學堂章程摺（宣統三年六月十八日）
會奏酌擬停止各學堂實官獎勵並定畢業名稱摺（宣統三年七月十八日）

以上見學部奏咨輯要三編

見學部奏咨輯要各文均係學部奏議或咨電令文。

（終）

清朝全史

精裝二冊　五元　並裝四冊　三元六角

清朝全史。係日本早稻田大學法學士前總統府秘書但燾等譯輯。內容精審。敘述詳實。曩因忌諱湮沒之事。無不博訪周考。載其本末。自建國滿洲起至宣統遜位止。尤注意於文物制度及海禁開後之變遷。讀之可瞭然於過去三百年之大勢。及吾國致弱之由來。洋洋三十萬言。附寫眞銅版五十四幅。爲清史中第一佳搆。

中華書局印行

民國十六年九月印刷
民國十六年九月發行

近代中國留學史(全一册)

△

定價銀一元四角

(外埠另加郵匯費)

編者 舒新城

發行者 中華書局

印刷者 中華書局

印刷所 中華書局
上海靜安寺路二七七號

總發行所 上海棋盤街中華書局

分發行所 中華書局

北京 天津 張家口 邢台 保定
濟南 青島 太原 開封 西安 蘭州 成都
重慶 長沙 常德 衡州 漢口 沙市 南昌
九江 安慶 蕪湖 南京 徐州 杭州 蘭谿
福州 廈門 廣州 汕頭 潮州 梧州 雲南
貴陽 奉天 吉林 長春 新加坡

(四八〇四)

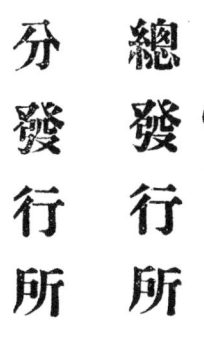

民国首版学术经典丛书

留欧外史（第一辑上编）
清代学术概论
中国目录学史
理学纲要
中国殖民史
白话本国史（四册）
近代中国留学史
五十年来中国之文学、论文杂记
历史研究法与中国文字变迁考
苏曼殊年谱及其他
中国商业史
妙峰山
中国文字学史（上下）

民国首版文学经典丛书

新月诗选
火灾
我们的六月
红的天使
红雾
未完的忏悔录
生死场
云游、志摩的诗
徐志摩选集
休息、给予者
迷羊
第七连
弘一大师永怀录
石门集
飞絮
鲁迅杰作选
胡适留学日记（四册）